L'ENVIE

FRÉDÉRIK BASTIEN

LES SEPT PÉCHÉS CAPITAUX par E. SUE

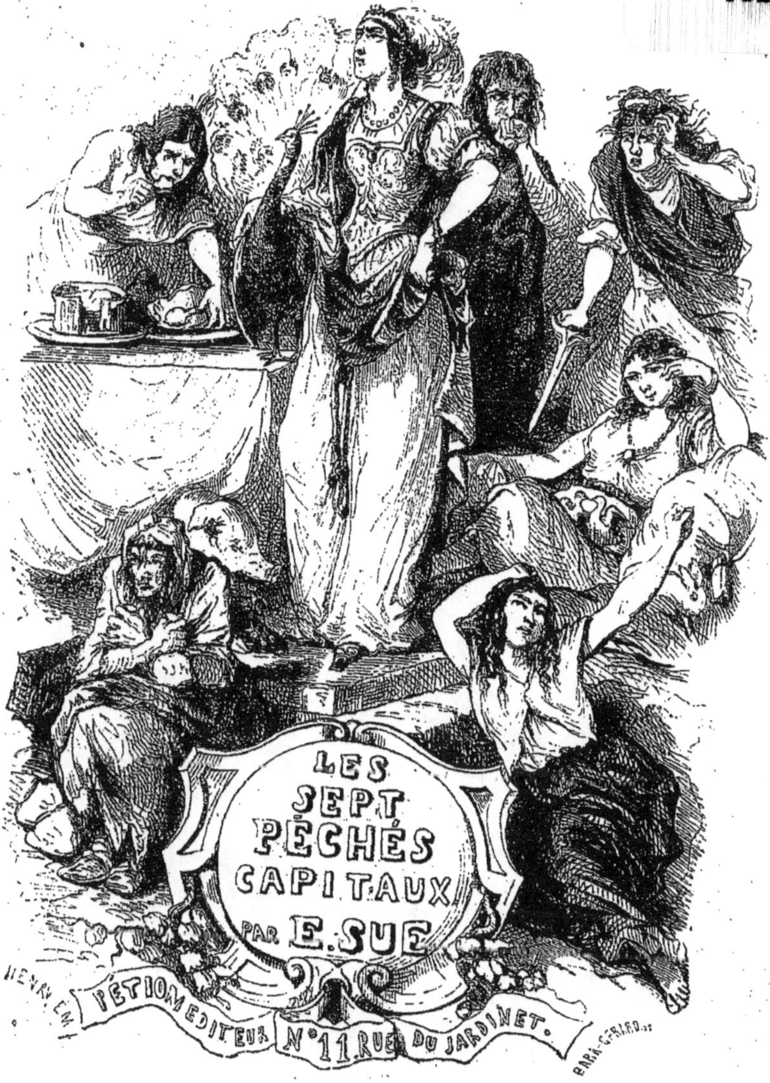

LES

SEPT PÉCHÉS CAPITAUX

2ᵉ partie.

L'ENVIE

I

SOUS-PRESSE :

LA COLÈRE — LA LUXURE — LA PARESSE
L'AVARICE — LA GOURMANDISE

CORBEIL, imprimerie de CRÉTÉ.

L'ENVIE

FRÉDÉRIK BASTIEN

LES SEPT PÉCHÉS CAPITAUX PAR E. SUE

I

Un touriste qui eût parcouru le *Blaisois* dans le courant de l'année 1828, en se rendant de Blois à la petite ville de *Pont-Brillant*, pour y visiter, selon l'usage des voyageurs, le château de ce nom, somptueuse et féodale résidence des anciens marquis de Pont-Brillant, aurait nécessairement passé devant une ferme située sur le bord du chemin vicinal, à une lieue environ du château.

Ce bâtiment, complétement isolé au milieu des bois et des guérets, pouvait, par hasard, attirer l'attention du voyageur ; on l'eût sans doute contemplé avec un mélange de tristesse et de dégoût, comme l'un des nombreux spécimens de la laideur des habitations rurales du pays, lors même qu'elles appartiennent à des personnes jouissant d'une grande aisance.

En effet, cette ferme se composait d'un bâtiment d'exploitation, dont les dépendances formaient deux longues ailes en retour; l'intérieur de cette espèce de parallélogramme tronqué servait de cour et était rempli de fumier croupissant dans des eaux infectes : car la vacherie, l'écurie et la bergerie s'ouvraient sur ces amas d'immondices, où s'ébattaient, dans la fange, toutes sortes d'animaux domestiques, depuis des poules jusqu'à des porcs...

Le bâtiment d'habitation, pris dans l'une des ailes en retour, composé d'un rez-de-chaussée et de quelques mansardes, avait donc pour point de vue cette cour nauséabonde, et pour horizon les sales murailles et les portes vermoulues des vacheries ; tandis que, de l'autre côté de ce triste logis, où nulle fenêtre n'était alors percée, s'étendait une superbe futaie de chênes séculaires de deux arpents, sous laquelle coulait un ruisseau alimenté par le trop-plein de plusieurs étangs éloignés; mais cette futaie, malgré sa rare beauté, était devenue presque impraticable, son sol ayant été çà et là, couvert de gravois ou envahi par les ronces et les chardons ; enfin le ruisseau, faute de curage et d'une pente suffisante, était bourbeux et stagnant.

Si ce même touriste, dont nous supposons la venue, eût, un an après sa première pérégrination, passé de nouveau devant cette ferme d'un aspect autrefois si repoussant, ce touriste eût été frappé de la soudaine métamorphose que ces lieux avaient subie, quoiqu'ils appartinssent toujours au même propriétaire.

Une fraîche pelouse de gazon, fin et ras comme du velours vert, orné de massifs de rosiers, remplaçait la cour immonde, jadis encombrée de fumier ; de nouvelles portes pour l'écurie et la vacherie ayant été pratiquées sur l'autre face, les anciennes baies avaient été murées, et ce bâtiment, ainsi que la vaste grange du fond de la cour, étaient badigeonnés à la chaux et recouverts d'un treillage vert, où s'enlaçaient déjà les pousses naissantes du chèvrefeuille, de la clématite et de la vigne vierge.

L'aile où se trouvait l'habitation, treillagée de même, était entourée d'arbustes et de fleurs ; une allée sablée d'un beau sable jaune conduisait à la porte principale, abritée par un large porche de bois rustique, à toit de chaume, où s'enracinaient de larges touffes de joubarbe et d'iris nains ; ce péristyle agreste, aux parois à jour, garni de plantes grimpantes, servait de salon d'été... Sur l'appui de chaque croisée, peinte d'un vert foncé, qui faisait ressortir la blancheur éblouissante des rideaux et la limpidité des vitres, on voyait une petite jardinière faite du bois argenté du bouleau, et remplie de fleurs communes, mais fraîchement épanouies.

Enfin une légère palissade, à demi cachée par des massifs d'acacias roses, de lilas et d'ébéniers, récemment plantés, reliait les deux ailes des bâtiments, parallèlement à la grange du fond, et clôturait ainsi ce charmant jardin, dans lequel on entrait par une porte à claire-voie, peinte aussi d'un vert gai.

Du côté de la futaie, la métamorphose n'était pas moins complète et subite.

Au lieu de ronces et de chardons, un tapis de fin gazon, coupé d'allées sinueuses et sablées, s'étendait sous le magnifique ombrage des vieux chênes ; le ruisseau, jadis si fangeux, détourné dans un lit nouveau, et arrêté vers le milieu de son cours par un barrage en grosses pierres rocheuses et moussues, élevé de trois ou quatre pieds, retombait de cette hauteur en une petite cascade bouillonnante, puis continuait de couler rapide et transparent au niveau de ses rives gazonnées...

Quelques corbeilles de géraniums, dont les ombelles écarlates tranchaient sur le vert de la pelouse, çà et là dorée par quelque vif rayon de soleil traversant l'épaisse feuillée, égayaient encore ce site charmant... terminé par une large trouée, à travers laquelle on apercevait à l'horizon la forêt de Pont-Brillant, dominée par son antique château.

Les détails de cette transformation complète,

obtenue en si peu de temps par des moyens simples et peu coûteux, sembleront puérils peut-être; cependant ils sont significatifs, comme expression d'une des mille nuances de l'amour maternel.

Oui... une jeune femme de seize ans, mariée à quinze ans et demie, et reléguée, exilée depuis son mariage dans cette solitude, l'avait ainsi métamorphosée.

C'était uniquement en songeant à son enfant, en cherchant à l'entourer d'objets riants, d'aspects agréables, au milieu de l'isolement où il devait vivre, que le goût de la jeune mère s'était développé; chacune des innovations charmantes, apportées par elle dans ce séjour d'abord si triste, si repoussant, n'avait été pour ainsi dire qu'un cadre où, plus tard, devait rayonner l'image d'une chère petite créature ardemment attendue.

Sur la pelouse du jardin intérieur, soigneusement clos, l'enfant pourrait d'abord s'ébattre tout petit; le porche rustique abriterait ses jeux, en cas de pluie, ou de trop ardente chaleur; tandis que les murs treillagés, verdoyants et fleuris de la maisonnette, reposeraient gaiement sa vue.

Puis, plus tard, lorsqu'il grandirait, il pourrait, sous l'œil maternel, courir sur le gazon de la futaie ombreuse, et s'amuser à entendre le doux murmure de la cascade, ou à voir briller et fuir ses bouillons argentés à travers les rocailles couvertes de mousse; le ruisseau limpide, maintenu partout à une profondeur de deux pieds, n'offrant aucun péril pour l'enfant, qui pourrait, au contraire, lors des chaudes journées d'été, se baigner dans son onde fraîche et pure qui se filtrait à travers un fin gravier.

En cela... comme en bien d'autres circonstances, ainsi qu'on le verra plus tard, une sorte de révélation, guidant la jeune mère, lui avait donné l'idée de changer à si peu de frais cette ferme sordide, délabrée, en un riant *cottage*.

A l'époque où commence ce récit (vers la fin du mois de juin 1845), la jeune mère habitait cette ferme ainsi transformée depuis dix-sept ans ; les arbustes de la pelouse intérieure étaient devenus des arbres, les bâtiments disparaissaient complétement sous un luxuriant manteau de feuillage et de fleurs ; tandis que, pendant l'hiver, la verdure incessante de plusieurs lierres énormes cachait encore les murailles et garnissait entièrement le porche rustique à toit de chaume.

Du côté de la futaie, la petite cascade et le ruisseau faisaient toujours entendre leur mélancolique murmure.

Sur ce site agreste et charmant, s'ouvrait la porte vitrée d'une grande pièce servant à la fois de salon à la jeune mère et de salle d'étude pour son fils, alors âgé de seize ans et quelques mois.

Cette pièce renfermait une sorte de *musée*

(on sourira peut-être de cette ambitieuse expression), ou plutôt de *reliquaire* maternel.

Ainsi... un modeste meuble de bois blanc garni de vitres contenait sur ses tablettes une foule d'objets religieusement conservés par la jeune femme, comme autant de souvenirs précieux, résumant à ses yeux les différentes phases de la vie de son fils.

Là, tout avait une date, depuis le hochet de l'enfant jusqu'à la couronne de chêne obtenue par l'adolescent lors d'un concours dans un pensionnat de la petite ville de Pont-Brillant, où l'orgueilleuse mère avait voulu envoyer son fils, pour essayer ses forces.

Là, tout avait sa signification, depuis le petit fusil, jouet à demi brisé, jusqu'au brassard de satin blanc frangé d'or, que portent si fièrement les néophytes lors de leur première communion.

Ces *reliques* paraîtront puériles, ridicules peut-être. Et pourtant, si l'on songe que tous les incidents de la vie enfantine et adolescente de son fils, caractérisés par les objets dont nous parlons, avaient été pour cette jeune mère idolâtre de son enfant, et vivant dans la plus complète solitude, avaient été, disons-nous, autant d'événements graves, touchants ou solennels, l'on excusera ce culte du passé... et l'on comprendra aussi la pensée qui avait rangé parmi ces *reliques* une petite lampe de porcelaine blanche, à la pâle lueur de laquelle la jeune mère avait veillé son fils, pendant une longue et dangereuse maladie, dont il avait été sauvé par un modeste et habile médecin demeurant à Pont-Brillant.

Est-il besoin de dire qu'une partie des boiseries de la salle d'étude était ornée de cadres renfermant, ici une page d'une écriture enfantine presque informe, et, plus loin, la copie de trois strophes que, l'année précédente, l'adolescent avait essayé de rimer pour la fête de sa mère? Ailleurs, les inévitables têtes d'*Andromaque* et de *Niobé*, que le crayon inexpérimenté du commençant afflige ordinairement de bouches si contractées, d'yeux si incertains, semblaient regarder avec une surprise courroucée, une jolie aquarelle très-finement touchée d'après nature, et représentant un site des bords de la Loire.

Enfin, çà et là, suspendus aux murailles,

ou supportés par des socles de bois noir, on voyait divers fragments de statuaire antique, moulés en plâtre, qui avaient servi et servaient encore de modèles ; les premiers livres d'étude de l'enfant étaient non moins pieusement conservés par sa mère dans une bibliothèque, renfermant un excellent choix d'ouvrages d'histoire, de géographie, de voyages et de littérature. Un piano et quelques rayons chargés de partitions se voyaient non loin de la table de dessin, et complétaient le modeste ameublement de cette pièce.

Vers la fin du mois de juin 1845, la jeune femme dont nous parlons et que nous nommerons Marie Bastien, se trouvait avec son fils dans la salle d'étude.

Cinq heures du soir allaient bientôt sonner ;

les rayons du soleil, quoique brisés par les lames des persiennes abaissées afin d'entretenir la fraîcheur au dedans, jetaient çà et là de vermeils et joyeux reflets, tantôt sur la boiserie grise de la salle d'étude, tantôt sur de gros bouquets de fleurs récemment coupées et placées sur la cheminée dans des vases de porcelaine.

On voyait encore dans un grand verre de cristal, à pied, une douzaine de belles roses variées, à demi écloses, épandant le plus doux parfum, et qui semblaient égayer une table de travail chargée de livres et de papiers, de chaque côté de laquelle la mère et le fils, tous deux assis, semblaient très-laborieusement occupés.

Madame Bastien, quoiqu'elle dût avoir bientôt trente-un ans, en paraissait à peine vingt, tant son visage enchanteur resplendissait de fraîcheur juvénile, nous dirions presque virginale... car l'angélique beauté de cette jeune femme était digne d'inspirer ces naïves paroles faites pour la Vierge, mère du Christ :

« *Je vous salue, Marie, pleine de grâces...*

Madame Bastien portait une robe d'été à manches courtes en percaline à mille raies d'un bleu pâle, serrée par un large ruban rose à sa taille élégante et souple, qui eût, comme on dit, tenu entre les dix doigts. Ses jolies bras étaient nus ou plutôt en partie voilés par le léger réseau de longues mitaines de filet qui ne dépassaient pas son coude à fossettes.

Deux épais bandeaux de cheveux châtains, naturellement très-ondés, çà et là nuancés de vifs reflets dorés, et descendant très-bas, encadraient l'ovale parfait de son visage dont la blancheur transparente se colorait d'un carmin délicat vers le milieu des joues; ses grands yeux, du plus tendre, du plus riant azur, se frangeaient de longs cils, bruns comme ses sourcils finement arqués, bruns comme les cheveux follets qui, se crispant à la naissance de son cou, annonçaient une nature pleine de vie et de sève; l'humide corail des lèvres, le brillant émail des dents, la ferme rondeur de ses bras charmants légèrement rosés comme ceux d'une jeune fille, complétaient ces symptômes d'un sang pur, riche et vierge, conservé tel par la régularité d'une vie solitaire, chaste et pour ainsi dire claustrale, vie concentrée tout entière dans une seule passion... l'amour maternel.

La physionomie de Marie Bastien offrait un double caractère; car si l'angle de son front, la coupe de ses sourcils révélaient une énergie, une persistance de volonté, peu communes, jointes à une rare intelligence, l'expression de son regard était d'une ineffable bonté, son sourire plein de douceur et de gaieté.... de gaieté, ainsi que le témoignaient deux petites fossettes roses, creusées par la fréquence d'un franc rire, à peu de distance des coins veloutés de sa bouche. En effet, la jeune mère égalait au moins son fils en joyeuseté; aussi, bien souvent, l'heure de la récréation venue, le plus fou, le plus enfant, le plus turbulent des deux n'était pas l'adolescent.

C'est que tous deux se trouvaient si heureux... si heureux dans ce petit coin de terre isolé qu'ils n'avaient jamais quitté... et où leur vie s'était jusqu'alors passée dans l'échange des sentiments les plus délicats, les plus charmants et les plus tendres!...

Certes, en les voyant assis devant la table de travail, on eût pris la mère et le fils pour le frère et la sœur.

Frédérik Bastien ressemblait extrêmement à sa mère, quoiqu'il fût d'une beauté plus mâle, plus accentuée ; son teint était plus brun, ses cheveux plus foncés que ceux de la jeune femme, et ses sourcils d'un noir de jais donnaient un attrait de plus à ses grands yeux d'un bleu pur et doux : car Frédérik avait les yeux et le regard de sa mère, de même qu'il avait son fin sourire, son nez grec, ses dents perlées, ses lèvres vermeilles que le duvet de la puberté estompait déjà.

Élevé dans toute la liberté salubre d'une vie rustique, Frédérik dont la taille, à la fois élégante et robuste, dépassait celle de sa mère, rayonnait de santé, de jeunesse et de grâce ; on ne pouvait rencontrer une physionomie plus intelligente et plus résolue, plus affectueuse et plus riante. Il était facile de voir que la coquetterie maternelle avait présidé à la toilette de l'adolescent, quoique sa mise fût des plus simples ; une jolie cravate de satin cerise, sur laquelle se rabattait un fin col de chemise, s'harmoniait parfaitement avec le teint frais et brun de l'adolescent, tandis que l'éblouissante blancheur de son gilet de basin blanc tranchait sur le jaune pâle de sa veste de chasse en nankin, à larges boutons de nacre ; enfin ses mains, au lieu de ressembler à ces affreuses mains de *collégien,* aux ongles rongés, à la peau rugueuse et tachée d'encre, étaient non moins soignées que celles de la jeune femme, et, comme les siennes, encore embellies par des ongles roses et lustrés, d'un ovale parfait.

(Les mères qui ont des fils de seize ans au collége comprendront et excuseront la puérilité de ces détails.)

Nous l'avons dit, Frédérik et sa mère, assis à la même table, l'un en face de l'autre, travaillaient opiniâtrément (ou plutôt *piochaient ferme*, comme on dit au collége); chacun ayant à sa gauche un volume du *Vicaire de Wakefield*, et devant soi une belle feuille de papier blanc alors presque entièrement remplie.

— Frédérik... passe-moi le dictionnaire, — dit madame Bastien sans lever les yeux, et en tendant sa main charmante à son fils.

— Oh!... le dictionnaire... — dit Frédérik en riant avec un accent de compassion moqueuse, — peut-on en être réduit à avoir recours au dictionnaire!

Et il donna le volume à sa mère, non sans avoir baisé la jolie main qui attendait le gros livre.

Marie, la tête toujours baissée, se contenta de sourire, sans répondre; puis tout en jetant à son fils un regard *en dessous*, qui fit paraître encore plus limpide l'azur de ses grands yeux bleus, elle prit son porte-plume d'ivoire entre ses petites dents, qui le firent paraître presque jaune, et se mit à feuilleter prestement le dictionnaire.

Profitant de ce moment d'inattention, Frédérik se leva de son siége, et, les deux mains appuyés sur la table, il se pencha en avant pour tâcher de voir où sa mère en était de sa traduction.

— Ah !... Frédérik... tu veux copier sur moi, — dit gaiement Marie en abandonnant le dictionnaire et, de ses deux petites mains, couvrant à grand'peine le feuillet pour le soustraire aux yeux de son fils. — Ah !... vois-tu ? je t'y prends, cette fois...

— Non... je t'assure, — répondit Frédérik en se rasseyant, — je voulais voir si tu étais aussi avancée que moi...

— Tout ce que je sais, — répondit madame Bastien d'un air triomphant, en se hâtant d'écrire après avoir consulté le dictionnaire, — c'est que moi... j'ai fini...

— Comment... déjà ! — dit humblement Frédérik.

Cinq heures sonnèrent alors à une vieille horloge à gaîne en marqueterie, haute de six pieds et placée dans un coin de la salle d'étude.

— Bon ! la récréation ! — s'écrie joyeusement Marie, — la récréation!! viens-tu, Frédérik?

Et la jeune femme, quittant précipitamment son siége, courut vers son fils.

— Je te demande seulement dix minutes... et j'ai fini, — reprit Frédérik d'un ton suppliant, en se hâtant d'écrire, — fais-moi la charité de dix pauvres petites minutes.

Mais il fallut voir comme cette requête fut accueillie! et avec quelle pétulante gaieté la jeune mère, posant un buvard sur la feuille que son fils laissait inachevée, ferma ses livres, lui ôta sa plume des mains, et, rapide, légère, l'entraîna sous la futaie séculaire, alors pleine d'ombre et de fraîcheur.

Il faut le dire, Frédérik n'opposa pas une résistance désespérée à la *volonté despotique* de sa mère, et il fut bientôt fort allégrement disposé à faire, comme on dit : *une fameuse partie.*

II

Cinq minutes après le commencement de la récréation, une partie active de *volant* s'engageait entre Frédérik et sa mère.

C'était un délicieux tableau.

De vifs rayons de soleil, traversant çà et là le dôme presque impénétrable de l'ombreuse futaie, venaient quelquefois dorer les charmantes figures de madame Bastien et de son fils, dont chaque pose, chaque mouvement, était rempli de grâce et d'agilité.

Marie, le visage coloré du rose le plus vif, les yeux animés, la bouche entr'ouverte et rieuse, la taille bien cambrée en arrière, le sein palpitant sous la fine étoffe de sa robe, le pied tendu en avant, la main armée de la raquette à manche de velours, recevait le volant, puis le renvoyait malicieusement à Frédérik dans une direction tout opposée à celle qu'il prévoyait. Aussitôt, leste et rapide, écartant par un brusque mouvement de tête les boucles de sa belle chevelure brune, qui embarrassaient son front, l'adolescent, en quelques bonds vigoureux et légers, arrivait assez à temps pour relever avec adresse le jouet ailé au moment où il rasait la terre, et le rejetait à sa mère... Celle-ci le recevait et le relançait non moins adroitement ; mais, ô bonheur ! voici qu'après avoir décrit sa courbe, que Frédérik épiait d'un regard vigilant, le volant lui retombe... droit sur le nez... et que, perdant l'équilibre, en voulant cependant relever ce coup désespéré, l'adolescent trébuche et roule sur l'épai gazon.

Alors, ce furent des rires si fous, des éclats d'hilarité si violents, de la part des deux joueurs, que la partie demeura forcément suspendue.

La mère et le fils, bras dessus, bras dessous, les joues empourprées, le regard humide de larmes joyeuses, et recommençant parfois de rire brusquement et de plus belle, gagnèrent un banc de bois rustique placé en face de la cascade, sur le bord du petit ruisseau ; là, tous deux prirent quelques moments de repos, pendant lesquels madame Bastien se mit à étancher avec sollicitude la sueur qui perlait au front de son fils.

— Mon Dieu, — dit Frédérik, — que c'est donc ridicule de rire ainsi !...

— Oui... mais avoue que c'est bien bon.

— Certainement, et c'est la faute de ce volant qui vient... justement... me tomber... sur le nez...

— Frédérik... c'est toi qui recommence... tant pis...

— Non... c'est toi qui meurs d'envie de rire... je le vois bien...

Et tous deux de se laisser aller de nouveau à cet excellent rire *bête*, aussi absurde, aussi involontaire que délicieusement désopilant.

— C'est égal, — dit madame Bastien en sortant la première de cette nouvelle crise d'hilarité, — vois-tu, Frédérik, ce qui me console de la bêtise de nos rires, c'est qu'il n'y a, j'en suis sûre, que les gens aussi heureux que nous qui connaissent de pareils accès de folle joie.

— Ah! mère, tu as raison... dit Frédérik, en appuyant sa tête sur l'épaule de madame Bastien, et en s'y berçant pour ainsi dire avec un mouvement de câlinerie charmante, — nous sommes si heureux!... Tiens, par exemple, en ce moment,... par ce beau soir d'été, sous cette ombre fraîche,... être là, près de toi, appuyant ma tête sur ton épaule, et les yeux à demi fermés,... voir là-bas comme à travers un voile doré que lui font les rayons du soleil, notre maisonnette, pendant que la cascade fait entendre son murmure, embrasser ainsi d'un regard ce cher petit monde, dont nous ne sommes jamais sortis, oh! mais c'est bon,... mais c'est doux,... à vouloir rester ainsi pendant cent ans...

Et Frédérik, faisant un nouveau mouvement, parut en effet vouloir se dorloter sur l'épaule de sa mère pendant *une éternité*.

La jeune femme, se gardant bien de déranger Frédérik, pencha seulement sa tête un peu de côté, afin de toucher de sa joue la joue de l'adolescent, prit une de ses mains dans les siennes, et répondit :

— C'est pourtant vrai cela... ce coin de terre a toujours été pour nous un paradis ; et, sauf le souvenir de tes trente-trois jours de maladie, nous chercherions, je crois, en vain à nous rappeler un moment de chagrin ou de tristesse... n'est-ce pas, Frédérik ?

— Tu m'as toujours tant gâté...

— M. Frédérik ne sait pas du tout ce qu'il dit— reprit madame Bastien, en affectant une gravité plaisante, — il n'y a rien de plus maussade, de plus insupportable, et surtout de plus malheureux, qu'un enfant gâté... Je voudrais bien savoir quels caprices, quelles fantaisies, j'ai encouragés en vous, monsieur? Voyons : cherchez, cherchez...

— Je crois bien, tu ne me donnes pas le temps de désirer... tu t'occupes de mes récréations, de mes plaisirs... au moins autant que moi... car, en vérité, je ne sais pas comment tu fais... mais, avec toi, le temps passe toujours... si vite... si vite... que je ne peux croire que nous soyons déjà à la fin de juin.... et je dirai la même chose à la fin de janvier, pour toujours recommencer ainsi.

— Il ne s'agit pas de me câliner, monsieur, mais de me dire... quand je vous ai gâté?... et si je ne suis pas au contraire très-sévère, très-exigeante, pour vos heures de travail par exemple?

— Oui, je te le conseille, de parler de cela !
Est-ce que tu ne partages pas mes études
comme mes jeux? aussi le travail m'a-t-il toujours autant amusé que la récréation... Vois un
peu mon beau mérite !

— Mais enfin, monsieur Frédérik, vous
avez remporté deux beaux prix à Pont-Brillant... et je n'étais pas là cette fois... j'espère...
enfin... je vous...

— Enfin, mère... dit Frédérik, — en jetant
ses bras autour du cou de Marie, qu'il interrompit en l'embrassant avec effusion, — je sou-
tiens, moi, que, si je suis heureux... c'est par
toi... Si je sais... si je vaux quelque chose,
c'est encore par toi... oui, uniquement par
toi... T'ai-je jamais quittée? Oui, tout ce que

j'ai de bon... je le tiens de toi... mais... ce que j'ai de mauvais... mon opiniâtreté, par exemple... je...

— Oh! pour cela,—dit madame Bastien en souriant, en interrompant à son tour Frédérik et le baisant au front, — cette chère petite tête... veut bien ce qu'elle veut... C'est la vérité, je ne sache pas de volonté plus énergique que la tienne... Ainsi tu as opiniâtrément voulu être jusqu'ici le plus tendre... le meilleur des fils... tu n'as pas manqué... à ta résolution... Puis la jeune mère ajouta avec une émotion délicieuse : Va... va, mon enfant aimé, je ne te vante pas... chaque jour m'apporte une nouvelle preuve de la bonté, de la générosité de ton cœur... Si je te flattais... les habitants de *notre petit monde*, comme tu dis, seraient mes complices, et nous sommes trop pauvres et trop ennemis du mensonge pour avoir des adulateurs. Et tiens, — ajouta vivement madame Bastien en indiquant quelqu'un du geste à Frédérik, si j'avais besoin d'un auxiliaire pour te convaincre, j'invoquerais le témoignage de l'excellent homme que voici... Il te connaît presque aussi bien que moi, et tu m'avoueras que sa sincérité n'est pas suspecte, à lui.

Le nouveau personnage dont parlait madame Bastien, et qui s'avançait sous la futaie, avait quarante ans environ, une taille petite et frêle, un extérieur fort négligé. De plus ce nouveau venu était singulièrement laid, mais d'une laideur spirituelle et remplie de bonhomie. Il se nommait *Dufour*, exerçait la médecine à Pont-Brillant, et, l'année précédente, avait, à force de savoir et de soins, sauvé Frédérik d'une grave maladie.

— Bonjour, ma chère madame Bastien, — dit allègrement le docteur, en s'approchant de la jeune femme et de son fils. — Bonjour, mon enfant, — ajouta-t-il, en serrant cordialement la main de Frédérik.

— Ah! docteur... docteur, — dit madame Bastien, avec une affectueuse gaieté, — vous venez bien à propos pour être grondé.

— Grondé! moi!...

— Certainement... voilà plus de quinze grands jours que vous n'êtes venu nous voir...

— Fi! — reprit joyeusement M. Dufour, —

fi !... voyez un peu les égoïstes, avec des santés aussi florissantes que celles-là, oser demander des visites à un médecin.

— Fi! — répondit non moins joyeusement madame Bastien au docteur! — fi! le dédaigneux, qui méprise assez la reconnaissance de ceux qu'il a sauvés, pour les priver du plaisir de pouvoir lui dire souvent... bien souvent : Merci, notre sauveur... merci.

— Oh! comme ma mère a raison, monsieur Dufour, — ajouta Frédérik, — vous croyez que parce que vous m'avez rendu la vie... tout est fini entre nous, n'est-ce pas? Êtes-vous ingrat!

— La mère et le fils me déclarent la guerre... je ne suis pas de force... — répondit le docteur en faisant deux pas en arrière, — je bats en retraite.

— Allons!... — reprit madame Bastien, — nous n'abuserons pas de nos avantages... mais à une condition, docteur, c'est que vous dînerez avec nous.

— J'étais parti de chez moi avec cette excellente intention-là, — reprit le docteur sérieusement cette fois; — mais je dépassais à peine les dernières maisons de Pont-Brillant, lorsque j'ai été arrêté par une pauvre femme qui m'a demandé de venir voir en hâte son mari... J'y suis allé... j'ai donné les premiers soins... malheureusement il s'agit d'une maladie si grave... et d'une marche si rapide que je ne serais pas tranquille si je ne revoyais pas ce soir mon malade avant sept heures.

— Contre de telles raisons... je n'ai aucune objection, mon bon docteur, — répondit madame Bastien, — et je vous sais doublement gré de nous donner du moins quelques instants.

— Et moi qui me faisais une fête de cette soirée, — reprit le docteur; — elle complétait si bien ma journée, car ce matin j'avais eu déjà une grande joie.

— Il vous est arrivé quelque chose d'heureux, mon cher docteur : ah! tant mieux.

— Oui, — reprit M. Dufour avec émotion, — j'étais inquiet de mon meilleur ami... voyageur intrépide... qui avait entrepris une périlleuse excursion à travers les parties les moins connues de l'Amérique du Sud...

Sans nouvelles de lui depuis plus de huit mois, je commençais à m'alarmer, lorsque, ce matin, je reçois une lettre de Londres... venant de Lima. Pour comble de joie il me promet de venir passer quelque temps avec moi... Jugez si je suis heureux, ma chère madame Bastien... un frère pour moi... un cœur d'or... avec cela, un des hommes les plus intéressants, les plus merveilleusement doués que j'aie connus... l'avoir pendant quelque temps à moi tout seul... Hein? quels épanchements, quelles causeries!... Aussi, dans ma gloutonnerie de bonheur, je m'étais dit : Je serai insatiable... j'irai, pour en doubler la douceur, porter ma joie chez madame Bastien, dîner avec elle ; je passerai là quelques heures délicieuses, et je lui ferai une proposition qui lui sera peut-être agréable, ainsi qu'à ce cher Frédérik; j'espère que c'était là une journée complète, une vraie journée de Sybarite...

Le docteur fut en ce moment interrompu par une vieille servante qui donnait la main à un enfant de sept ou huit ans, très-pauvrement vêtu, et qui du seuil de la porte où elle se tenait, appela l'adolescent et lui cria :

— Monsieur Frédérik... il est six heures...

— A tout à l'heure... mère, — dit-il en baisant la jeune femme au front, — puis s'adressant au docteur : — Je vous verrai avant votre départ, n'est-ce pas, mon bon monsieur Dufour?

Et, en deux bonds, Frédérik eut rejoint la

vieille servante et l'enfant, avec lesquels il rentra dans la maison.

— Où va-t-il ainsi? — demanda familièrement le médecin à la jeune femme.

— Donner sa leçon, — répondit Marie en souriant. — N'avez-vous pas vu son écolier?

— Quel écolier?

— Cet enfant qui était là... est le fils d'un journalier qui demeure trop loin de Pont-Brillant pour pouvoir envoyer son enfant à l'école; aussi Frédérik lui donne-t-il par jour deux leçons de lecture, et je vous assure, docteur, que je suis aussi satisfaite du maître que de l'élève; car, si Frédérik apporte à ces leçons un zèle, une douceur, une intelligence rares, son écolier répond merveilleusement à ses soins.

— Mais, c'est charmant, cela.

— Que voulez-vous? — reprit madame Bastien avec un sourire de douce résignation, — à défaut d'autres aumônes, nous faisons, du moins, de celles-là... Car vous savez avec quelle rigoureuse parcimonie moi et mon fils nous sommes traités en ce qui touche l'argent... mais, — reprit Marie avec un sourire d'une ineffable bonté, — comment pourrais-je me plaindre? Grâce à cette parcimonie à laquelle on nous astreint, mon Frédérik s'ingénie à trouver et trouve toutes sortes de ressources, dont quelques-unes sont, je vous assure, des plus touchantes, et si je ne craignais de me montrer trop orgueilleuse, je vous conterais... une chose qui s'est passée la semaine dernière...

— Voyons, ma chère madame Bastien... allez-vous faire de la fausse modestie maternelle avec moi?

— Non... je n'en ferai pas... Écoutez-moi donc, mon bon docteur... jeudi passé je me promenais avec Frédérik du côté des bruyères de Brevan...

— Où l'on défriche, n'est-ce pas? J'ai vu cela en passant tout à l'heure.

— Justement on défriche à cet endroit, et c'est, vous le savez, docteur, un rude travail...

— Parbleu! déraciner des bruyères qui ont peut-être trois ou quatre siècles d'existence.

— Je traversais donc ces landes avec Frédérik, lorsque nous voyons une pauvre femme hâve, maladive, et une petite fille d'une dizaine d'années, tout aussi frêle que sa mère, travailler à ce défrichement.

— Une femme et un enfant si faibles? un tel travail? mais c'était au-dessus de leurs forces.

— Il n'est que trop vrai... et, malgré leur courage, les deux pauvres créatures faisaient peu de besogne ; la mère, à grand'peine, levait la houe pesante qui entamait difficilement la terre durcie ; enfin, lorsque la souche d'une bruyère, qu'elle piochait sans doute depuis longtemps, fut un peu découverte, la femme et la petite fille, tantôt se servant de la houe comme d'un levier, tantôt de leurs mains grattant la terre, afin de dégager la racine, tâchèrent de l'arracher... avec des efforts inouïs... ce fut en vain... la pauvre femme eut un mouvement de désespoir navrant; elle se jeta à terre comme brisée par la douleur et par la fatigue ; puis, s'enveloppant la tête dans un lambeau de tablier, elle se mit à sangloter sourdement, pendant que sa petite fille, agenouillée devant elle, l'appelait en pleurant.

— Ah! que de misère!... que de misère!...

— Je regardais mon fils ; il avait comme moi les larmes aux yeux ; je m'approchai de la femme et lui demandai comment elle se livrait à un travail si au-dessus de ses forces et de celles de son enfant ; elle me répondit que son mari avait entrepris la défriche d'un quartier de bruyères à la tâche, que depuis deux jours il était tombé malade par excès de travail, ayant encore une partie de son ouvrage à faire... et que si le samedi soir tout n'était pas fini, il perdait le fruit du travail commencé depuis deux semaines... tel était son arrangement avec l'*écobueur* (1), ces défrichements étant très-urgents.

— En effet, dans le pays pour les travaux pressés ils font de ces marchés-là, et en exécutent impitoyablement les conditions ; ainsi la pauvre femme venait tâcher de suppléer son mari ?

— Oui... car il s'agissait pour cette famille de perdre ou de gagner trente-cinq francs...

(1) Gens qui se chargent dans le pays d'*écobuer* ou défricher les terres.

sur lesquels ils comptaient pour payer le loyer annuel de leur misérable hutte et acheter un peu de seigle... pour attendre la moisson nouvelle. — « Ma bonne femme, — dit Frédérik
« à cette malheureuse après quelques moments
« de réflexion : — en deux jours un bon tra-
« vailleur peut-il terminer la défriche ? — Oui,
« monsieur... mais il aurait bien du mal, —
« répondit-elle. — Mère, — me dit alors Frédé-
« rik, — il faudrait donner trente-cinq francs à
« ces pauvres gens, nous ne le pouvons pas,
« accordez-moi congé vendredi et samedi, la
« défriche sera faite, cette bonne femme ne
« risquera pas de se rendre malade, elle ira
« soigner son mari et touchera son argent di-
« manche. »

— Brave et digne enfant ! — s'écria M. Dufour.

— Le samedi soir, — reprit madame Bastien, — à neuf heures, au crépuscule, la défriche était terminée. Frédérik avait accompli sa tâche, avec une ardeur, une gaieté, un entrain qui, de cette action, ont fait pour lui un vrai plaisir. Durant ces deux jours, je ne l'ai pas quitté... Un beau genévrier se trouvait à peu de distance, et, assise à l'ombre, je lisais ou je brodais pendant que mon fils travaillait... et d'un cœur! quels coups de pioche! mon pauvre docteur; la terre en tremblait jusque sous mes pieds.

— Je le crois bien... quoique svelte, il est d'une rare vigueur pour son âge.

— De temps à autre, j'allais essuyer le front ruisselant de Frédérik et lui donner à boire;...

puis, aux heures des repas, afin de perdre moins de temps, notre vieille Marguerite nous apportait à manger aux champs... Jugez quel bonheur, prendre son repas sur la bruyère,... à l'ombre d'un genévrier! C'était une vraie fête pour Frédérik. Sans doute, ce qu'il a fait est bien simple,... mais ce dont j'ai été surtout très-touchée, très-contente, c'est la promptitude de sa résolution, accomplie d'ailleurs avec la ténacité de volonté que vous lui connaissez.

— Heureuse... heureuse... mère entre toutes les mères, — dit le docteur avec émotion en serrant les mains de Marie entre les siennes, — et doublement heureuse vous devez être, car ce bonheur est votre ouvrage.

— Que voulez-vous, docteur, — répondit

madame Bastien avec une expression angélique — on vit, c'est pour son fils.

— Oui... et vous... vous surtout... car sans votre fils... vous seriez... allons, — reprit M. Dufour, comme si, par cette réticence, il voulait échapper à une pensée pénible, — n'attristons pas cet entretien... il est trop bon au cœur pour cela.

— Vous avez raison, cher docteur... mais, j'y pense... cette proposition que vous veniez nous faire à moi et à Frédérik?...

— C'est juste... voici de quoi il s'agit... vous savez... ou vous ne savez pas... car, dans votre isolement, vous ignorez toutes les *grandes nouvelles* du pays... vous ne savez peut-être pas, que l'on a fait au château de Pont-Brillant des réparations et surtout des embellissements qui font de ce séjour une demeure vraiment royale.

— En effet, cher docteur, je suis si peu au courant des *grandes nouvelles* du pays comme vous dites... que je ne savais rien de cela... je croyais même le château inhabité...

— Il ne va plus l'être, car le jeune marquis de Pont-Brillant va venir l'occuper avec sa grand'mère...

— Le fils de M. de Pont-Brillant qui est mort il y a trois ans?

— Justement...

— Mais il doit être fort jeune?

— Il a l'âge de Frédérik à peu près... orphelin de père et de mère, sa grand'mère l'idolâtre et a fait des folies pour meubler et restaurer ce château, où elle viendra passer huit à neuf jours de l'année avec son petit-fils. Je suis allé à Pont-Brillant, il y a deux jours pour y donner mes soins à *M. le chef des cultures de serres chaudes,* car chez ces grands seigneurs on ne dit pas *jardinier,* c'est trop vulgaire; finalement j'ai été ébloui du luxe de cet immense château : il y a une admirable galerie de tableaux, une serre chaude où l'on entrerait en voiture, et dans les jardins des statues admirables... Il y a surtout... mais je veux vous laisser le plaisir de la surprise, sachez seulement que c'est digne des *Mille et une Nuits...* J'ai donc pensé que vous et Frédérik vous seriez peut-être curieux de voir ce conte arabe réalisé... cette féerie en action... et grâce à la haute protection que m'accorde *M. le chef des cultures*, je me fais fort de vous conduire au château... demain ou après-demain, mais pas plus tard, car le jeune marquis est attendu le jour d'ensuite; que dites-vous de ma proposition?

— Je dis, mon cher docteur, que j'accepte avec plaisir : ce sera une délicieuse partie pour Frédérik... dont l'éblouissement sera d'autant plus complet qu'il n'a pas plus que moi l'idée de ce que c'est qu'un luxe pareil; il se fera une fête de cette excursion au château de Pont-Brillant. Merci donc, mon bon docteur, — ajouta madame Bastien, avec une joie naïve, — ce sera une charmante journée.

— Eh bien,... quand irons-nous?

— Demain : cela vous convient-il?

— Parfaitement... je ferai mes visites très-matin, afin d'être libre, et, si vous le voulez, je serai ici à neuf heures; il nous faut une heure et demie pour nous rendre au château, le chemin est superbe... presque toujours dans la forêt.

— Et en sortant... du château, nous pourrons déjeuner dans les bois, avec des fruits que nous emporterons, — reprit gaiement madame Bastien, — je dirai à Marguerite de faire une de ces galettes de ménage que vous aimez tant,... mon bon docteur.

— J'accepte... à condition que la galette sera grosse, — s'écria joyeusement le docteur,

— qu'elle sera énorme, car Frédérik et vous y ferez une fameuse brèche...

— Soyez tranquille, docteur, — répondit non moins gaiement madame Bastien. — Nous aurons tous notre bonne part au gâteau... Mais, tenez, voilà justement Frédérik qui vient de terminer sa leçon... je vous laisse le plaisir de lui faire cette aimable surprise.

— Oh! mère... quel bonheur! — s'écria l'adolescent lorsque M. Dufour lui eut donné connaissance de ses projets; — comme ça doit être magnifique à voir ce château!... Merci, mon bon monsieur Dufour, de nous avoir ménagé ce beau voyage dans le pays des fées.

. . . .

Le lendemain le docteur fut exact, et lui, madame Bastien et son fils partirent pour le château de Pont-Brillant par une splendide matinée d'été.

III

Madame Bastien, son fils et le docteur Dufour, après avoir traversé une superbe forêt, arrivèrent au *château de Pont-Brillant* par une large avenue d'une demi-lieue de long, bordée de deux contre-allées gazonnées et plantées, comme l'avenue principale, d'ormes gigantesques, vieux peut-être de quatre siècles ; une vaste esplanade, ornée d'énormes orangers en caisse, entourée de balustres de pierre, et surélevée en terrasse, d'où l'on embrassait un immense horizon, servait de cour d'honneur au château.

Ce chef-d'œuvre de l'architecture de la Renaissance, aux tourelles sculptées à jour, aux coupoles dentelées, aux dômes à flèches élancées, aux colonnades mauresques, rappelait l'ensemble grandiose et féerique du château de Chambord.

Frédérik et sa mère n'avaient jamais vu qu'à une distance d'une lieue et demie cette masse imposante de bâtiments; tous deux s'arrêtèrent un moment au milieu de l'esplanade, frappés d'admiration, en embrassant d'un coup d'œil ces merveilleux détails, ces innombrables broderies de pierre dont ils ne soupçonnaient pas l'existence.

Le bon docteur, aussi triomphant que si le château lui eût appartenu, se frottait joyeusement les mains, s'écriant avec suffisance :

— Ce n'est rien encore... ce ne sont là que les bagatelles de la porte. Que sera-ce donc lorsque vous aurez pénétré dans l'intérieur de ce palais enchanté !

— Mon Dieu, mère, — disait Frédérik, — vois donc cette colonnade à ogives, à côté du grand dôme, comme c'est léger, aérien !

— Et là-bas ces balcons de pierre, — reprenait la jeune femme, — on dirait de la dentelle... Et les sculptures des croisées du premier étage, quelle délicatesse ! quelle richesse de détails !

— Je déclare, — dit le docteur avec une gravité comique, — que nous ne serons pas sortis du château avant demain, si nous perdons tant de temps à admirer les murailles.

— M. Dufour a raison, — dit Marie, en reprenant le bras de son fils, — allons, viens...

— Et ces bâtiments qui ont l'air d'un autre château relié au premier par des ailes circulaires, — demanda l'adolescent au médecin, — qu'est-ce donc, monsieur Dufour ?

— Ce sont les écuries et les communs, mon garçon.

— Des écuries ?... dit madame Bastien, —

c'est impossible; vous vous méprenez, mon cher docteur.

— Comment? vous n'avez pas plus de foi que cela dans votre cicerone! — s'écria le docteur; — apprenez, madame, que je ne me trompe pas... Ce sont si bien des écuries, que lorsque le maréchal de Pont-Brillant, le trisaïeul ou le quadrisaïeul du jeune marquis actuel, habitait le château, il faisait venir un régiment de cavalerie qu'il logeait tout entier, à ses frais, bêtes et gens, dans les écuries et aux communs du château, le tout pour se donner le plaisir de faire manœuvrer tous les matins, avant son déjeuner, cette cavalerie sur l'esplanade que vous voyez; il paraît que ça lui ouvrait l'appétit, à ce digne seigneur.

— C'était une fantaisie digne d'un grand

capitaine comme lui, — dit Marie, — car tu te souviens, Frédérik... avec quel intérêt nous lisions cet hiver ses campagnes d'Italie.

— Si je me le rappelle? je le crois bien... — dit Frédérik ; — après Charles XII, le maréchal de Pont-Brillant est mon héros favori.

En devisant ainsi, les trois visiteurs avaient traversé l'esplanade. Madame Bastien, voyant M. Dufour obliquer à droite au lieu de se diriger vers la façade du château, lui dit :

— Mais, docteur... on doit entrer, ce me semble, dans la cour intérieure par cette porte monumentale...

— Certainement... les maîtres du château entrent par là... mais de pauvres diables

comme nous, qui n'ont que la protection de
M. *le chef des cultures,* sont bien heureux de
passer par une petite porte des communs, —
répondit en riant le docteur; — il ferait beau
voir que M. le suisse se donnât la peine d'ouvrir pour nous, plébéiens indignes, cette grille
armoriée.

— Je vous demande pardon de mon ambitieuse prétention... — dit gaiement madame
Bastien au docteur, tandis que Frédérik, faisant
de loin un salut comique du côté de la grille,
disait en riant :

— Madame la grille armoriée, nous reconnaissons très-humblement que vous n'êtes pas
faite pour nous...

M. Dufour ayant sonné à une porte des

communs, demanda à parler à M. Dutilleul, *le chef des cultures* du château; le docteur fut introduit et il donna son bras à madame Bastien.

Il fallait, pour arriver à la demeure de M. Dutilleul, traverser une partie des cours des écuries. Une trentaine de chevaux de selle, de chasse ou d'attelage, appartenant au jeune marquis, étaient arrivés la veille avec ses équipages; un grand nombre de palefreniers anglais allaient et venaient, ceux-là entrant et sortant des écuries, ceux-ci lavant des voitures armoriées, d'autres donnant à l'acier des mors et des étriers, le lustre et le poli de l'argent bruni; le tout sous la surveillance attentive de M. *le chef des écuries*, Anglais d'un âge mûr, ayant la tournure d'un parfait *gentleman*, et qui, le cigare aux lèvres, le stick à la main, présidait à ces travaux avec un flegme tout britannique.

Parfois aussi, dans des bâtiments voisins, on entendait les formidables aboiements d'une meute considérable; plus loin, en passant auprès d'une sorte de galerie souterraine qui conduisait aux cuisines, les visiteurs aperçurent huit ou dix cuisiniers et marmitons occupés à décharger deux grands fourgons remplis d'ustensiles de cuivre qu'on aurait dit destinés à la bouche de *Gargantua*.

Soudain le docteur s'écria, en indiquant du geste une grande porte qui venait de rouler sur ses gonds :

— Comment, encore des chevaux qui arrivent !... c'est un véritable régiment... On nous dirait revenus au temps du maréchal de Pont-Brillant. Voyez donc, ma chère madame Bastien.

En effet, vingt-cinq chevaux d'âge et de taille différents, complétement cachés sous des camails et des couvertures aux couleurs et aux armes du marquis, les uns montés, les autres tenus en main, commencèrent de défiler sous la voûte. Leurs housses et leurs genouillères poudreuses annonçaient qu'ils venaient de faire une longue route : une calèche attelée terminait la marche. Un jeune homme d'une tournure élégante en descendit, et donna quelques ordres en anglais à l'un des conducteurs de chevaux, qui l'écouta chapeau bas.

— Mon ami, — dit le docteur à un domestique qui passait, — ces chevaux qui viennent d'arriver sont encore à M. le marquis?

— Oui, ce sont les chevaux de course, les poulinières et les élèves de M. le marquis, car il va établir ici un haras.

— Et ce monsieur qui vient de descendre de calèche?

— C'est M. John Newman, l'*entraîneur* de M. le marquis.

Et le domestique passa.

Madame Bastien, son fils et le docteur, qui n'avaient pas idée d'un si nombreux service, regardaient avec ébahissement cette incroyable quantité de domestiques de toutes sortes.

— Eh bien, madame Bastien? — dit en riant M. Dufour, — si l'on apprenait à ce jeune marquis que vous, comme moi et comme tant d'autres, nous avons une ou deux pauvres vieilles servantes pour tout domestique, et que nous sommes encore passablement servis... il nous rirait au nez...

— Mon Dieu! quel luxe! — reprit Marie, — j'en suis étourdie... C'est un monde que ce château! et puis, que de chevaux!... J'espère qu'ici tu ne manquerais pas de modèles, Frédérik, toi qui aimes tant à dessiner les chevaux, que tu as fait jusqu'au vénérable portrait de notre pauvre vieux cheval de charrette...

— Ma foi, mère, — répondit Frédérik, — je croyais que personne... sauf le roi, peut-être, n'était assez riche pour avoir un si grand nombre de domestiques et de chevaux. Mon Dieu! que de choses, que de bêtes, que de gens affectés au service ou aux plaisirs d'une seule personne !

Ces derniers mots furent prononcés par Frédérik, avec un imperceptible accent d'ironie, dont madame Bastien ne s'aperçut pas, émerveillée, et, il faut le dire, très-amusée qu'elle était, par la vue d'un spectacle si nouveau pour elle; aussi ne remarqua-t-elle pas non plus qu'à deux ou trois reprises les traits de son fils se contractèrent légèrement, sous une impression pénible.

En effet, Frédérik, sans être fort observateur, avait été frappé de quelques manques d'égards auxquels le docteur et sa mère avaient été exposés au milieu de cette foule de domestiques bruyants et occupés : quelques-uns avaient, en passant, coudoyé les visiteurs, d'autres leur avaient grossièrement coupé le passage ; plusieurs enfin, surpris de la rare beauté de Marie Bastien, l'avaient regardée avec une curiosité hardie, presque familière... incidents auxquels la jeune femme était d'ailleurs restée complétement indifférente, par distraction ou par dignité.

Il n'en fut pas ainsi de son fils : blessé dans sa délicate et tendre vénération filiale, par les procédés des gens du jeune marquis, il comprit bientôt que sa mère, le docteur et lui recevaient un tel accueil de par le fait seul de leur entrée au château par la porte des subalternes en se recommandant d'un des principaux domestiques.

Frédérik sentit seulement dès lors son admiration naïve pour tout ce luxe, se nuancer d'une légère amertume, amertume qui avait amené son observation ironique « sur le nombre de gens » et de chevaux affectés aux plaisirs « ou au service d'une seule personne. »

Mais bientôt la mobilité d'impressions naturelle à son âge, la vue des magnifiques jardins qu'il eut à traverser pour accompagner sa mère et le docteur jusqu'aux serres chaudes, apportèrent à l'adolescent, sinon l'oubli, du moins la distraction de ces premiers sentiments.

Le personnel des jardiniers de Pont-Brillant était non moins considérable que celui des autres services; après s'être informé auprès de plusieurs des subordonnés de M. *le chef des cultures* qu'il n'avait pas rencontré chez lui, où se trouvait alors cet important personnage, le docteur et ses amis rejoignirent M. Dutilleul dans la serre chaude principale.

Cette immense rotonde vitrée, à toit conique, avait deux cents pieds de diamètre, sur quarante de hauteur à son point le plus culminant; cette serre gigantesque, construite en fer avec une hardiesse, une légèreté admirables, était plantée des plus beaux végétaux exotiques.

Ici, c'étaient des bananiers de toute taille et de toutes variétés, depuis les *musa* nains, chargés de fruits, jusqu'à des *paradisiaca* qui s'élevaient à trente pieds, et dont les feuilles avaient plus de trois mètres de longueur; plus loin, les verts éventails des *dattiers* et des *lataniers* se mêlaient aux tiges élancées des cannes à sucre et des bambous; tandis que, dans l'eau limpide d'un bassin de marbre, situé au milieu de la serre, se réfléchissaient les plus belles plantes aquatiques: *arums* de l'Inde aux feuilles énormes et rondes comme des boucliers, *cypirus* aux ondoyants panaches, *lotus* du Nil aux grandes fleurs bleu d'azur dont le parfum est si enivrant.

C'était un merveilleux mélange de végétation de toutes formes, de toutes grandeurs, de toutes nuances, depuis le vert pâle et marbré des *bégonias* jusqu'aux rayures tour à tour tendres et foncées des *marantha*, feuilles admirables, velours vert en dessus, satin pourpré en dessous ; ici, les grands *ficus* noirâtres et charnus contrastaient avec les fougères du Cap, au feuillage si délicat, aux rameaux si déliés, que l'on dirait des brins de soie violette supportant une dentelle verte ; là le *strélizia*, dont la fleur ressemble à un oiseau aux ailes d'orange et à l'aigrette bleu-lapis, luttait de richesse et d'éclat avec l'*astrapea*, à l'énorme pompon cerise, piqueté de jaune d'or ; enfin, dans quelques endroits, les immenses feuilles des bananiers, formant une voûte de verdure naturelle aux souples et transparents arceaux, cachaient si complétement le vitrage de la rotonde, que l'on aurait pu se croire transporté sur la terre tropicale.

A l'aspect de cette merveilleuse végétation,

Marie Bastien et Frédérik échangeaient à chaque instant des exclamations de surprise et d'admiration.

— Dis, Frédérik, quel bonheur de voir, de toucher, enfin, ces bananiers, ces dattiers, dont nous avons lu tant de fois la description dans les livres des voyageurs !... — s'écriait Marie.

— Mère... mère... — disait, à son tour, Frédérik, en montrant à madame Bastien un arbuste aux feuilles dentelées et d'un vert d'émeraude, — voici le *caféier*... et là, cette belle plante aux feuilles si épaisses, qui grimpe le long de cette colonne... c'est la vanille.

— Frédérik,... vois donc ces immenses feuilles de latanier,... comme l'on comprend bien que, dans l'Inde, cinq à six feuilles suffisent pour couvrir une cabane !

— Mère,... regarde donc, voilà ces jolies grenadilles dont parle le capitaine Cook... Je les ai tout de suite reconnues à leurs fleurs : on dirait de petites corbeilles de porcelaine à jour,... et nous qui accusions ce pauvre capitaine de s'amuser à inventer des fleurs impossibles !...

— Mon Dieu ! monsieur, — dit Marie Bastien au *chef des cultures*, — M. de Pont-Brillant, lorsqu'il est ici, ne doit pas quitter ce jardin enchanté.

— M. le marquis est comme feu M. le marquis son père, — répondit le jardinier en soupirant, — il n'est pas amateur ; il préfère le chenil et l'écurie...

Madame Bastien et son fils se regardèrent stupéfaits.

— Mais alors, monsieur, — reprit ingénument la jeune femme, — pourquoi donc avoir ces magnifiques serres ?

— Parce qu'il n'y a pas de véritable château sans serres chaudes, madame, — répondit fièrement *M. le chef des cultures*, — c'est un luxe qu'un véritable grand seigneur se doit à soi-même.

— Ce que c'est pourtant que le respect humain ! — dit tout bas Marie à son fils, avec un sourire doucement railleur. — Tu vois, Frédérik, la dignité de soi-même vous oblige à posséder ces merveilles. — Puis elle ajouta à l'oreille de son fils : — Dis donc, mon ange, dans l'hiver, quand les jours sont si courts... et qu'il neige, quelles heures délicieuses l'on passerait ici à narguer les frimas !...

Il fallut que le docteur vînt arracher la jeune mère et son fils à leur admiration inassouvie.

— Ma chère madame Bastien, nous en aurions pour deux jours seulement dans cette serre, si vous voulez tout voir en détail.

— C'est vrai, mon bon docteur... c'est vrai... — répondit madame Bastien. — Allons... — ajouta-t-elle en souriant et soupirant de regret, — quittons les tropiques... et allons dans une autre partie du monde sans doute... car, ainsi que vous le disiez, monsieur Dufour, c'est ici le pays des merveilles...

— Vous croyez plaisanter ?... eh bien, si vous êtes sage, — dit en souriant le docteur, — je vous conduirai tout à l'heure en Chine...

— En Chine ?... mon bon docteur, est-ce possible ?

— Certainement, et s'il nous reste un quart d'heure, ma foi ! nous ferons ensuite une petite pointe... jusqu'en Suisse...

— Aussi en Suisse ? — s'écria Frédérik.

— En pleine Suisse... Mais, avant, nous visiterons le château, et là ce sera bien autre chose !

— Quoi donc encore, docteur ?

— Oh! là ce ne seront plus des pays divers que nous parcourrons, mais les âges... depuis l'ère gothique jusqu'au siècle de Louis XV... et le tout... en une heure au plus.

— Je vous crois, docteur ; je suis décidée à ne plus m'étonner de rien, — répondit madame Bastien, — car nous sommes ici dans le pays des fées. Viens-tu, Frédérik ?

Et les visiteurs suivirent *M. le chef des cultures* qui, avec une certaine suffisance narquoise, souriait à part soi de l'étonnement bourgeois des amis de M. Dufour.

Un moment, distrait de ses premiers sentiments par l'aspect saisissant de la serre chaude, Frédérik suivit sa mère d'un pas moins allègre que de coutume : il éprouvait un serrement de cœur singulier, en pensant à la dédaigneuse indifférence du jeune marquis de Pont-Brillant pour ces merveilles qui eussent fait la joie, les délices, l'attachante occupation de tant de personnes dignes d'apprécier et d'aimer ces trésors de la nature réunis à tant de frais.

IV

M. le chef des cultures, en quittant la rotonde immense formant la serre chaude principale, introduisit les trois visiteurs dans d'autres serres qui s'étendaient latéralement; l'une d'elles, destinée aux ananas et renfermant toutes les espèces connues de ces fruits parfumés, aboutissait à une serre spéciale aux *orchidées*; il fallut encore que le docteur arrachât

Marie Bastien et son fils à la surprise, à l'admiration où ils restaient plongés, malgré la température humide et étouffante de cette serre, à la vue de plusieurs *orchis* fleuris, fleurs bizarres, presque fantastiques, tantôt pareilles à des papillons diaprés de vives couleurs, tantôt à des insectes ailés d'une apparence fabuleuse.

Là se terminait le domaine de M. Dutilleul cependant il voulut bien guider nos curieux sur les terres de son collègue *des cultures d'orangerie, de serre tempérée et de pleine terre.*

— Je vous avais promis la Chine, — dit le docteur à ses amis, — nous voici en Chine.

En effet, au sortir de la serre aux *orchidées* l'on entrait dans une galerie chinoise à piliers à jour, peints de rouge et de vert éclatant, et pavée de carreaux de porcelaine, pareils à ceux dont était revêtu un petit mur à hauteur d'appui servant de base aux colonnes; entre celles-ci étaient espacés de grands vases du Japon, bleu, blanc et or, contenant des camélias, des roses pivoines, des azalées, des citronniers, et autres arbustes de la Chine.

Cette galerie, vitrée pendant la mauvaise saison, conduisait à une véritable maison chinoise formant le centre d'un vaste jardin d'hiver.

La curieuse édification de cette demeure, qui avait coûté des soins et des sommes immenses, remontait au milieu du XVIIIe siècle, époque à laquelle la rage des *chinoiseries* était poussée à son comble. Témoin la fameuse *pagode* de *Chanteloup,* bâtiment fort élevé, construit tout en porcelaine.

La maison chinoise de Pont-Brillant ne le cédait en rien à la fameuse *Folie* de M. de Choiseul.

La disposition de cette demeure, composée de plusieurs pièces, ses tentures, ses ameublements, ses ustensiles de ménage, ses ornements, tout était rigoureusement authentique; et, pour compléter l'illusion, deux merveilleux magots de grandeur naturelle, habillés des plus riches étoffes, placés de chaque côté des portières du salon, les soulevaient à demi, semblant ainsi les ouvrir aux visiteurs qu'ils saluaient de minute en minute, grâce au balancier intérieur qui leur faisait remuer les yeux, et alternativement incliner et relever la tête.

Tout ce que la Chine offre de plus curieux, de plus chatoyant, de plus splendide en étoffes, laques, meubles, porcelaines, objets d'or, d'argent ou d'ivoire, ciselés, était rassemblé dans cette espèce de musée, dont les trois fenêtres de bambou, aux transparents vitrages de pâte de riz, peinte de fleurs et d'oiseaux de couleurs étincelantes, donnaient sur le jardin d'hiver. Cette sorte de serre tempérée, plantée d'arbres et d'arbustes de Chine et du Japon, se couvrait dès l'automne, au moyen de châssis vitrés, s'adaptant au rebord de la toiture de la maison.

— Est-ce un rêve? — disait madame Bastien, en examinant ces merveilles avec autant de curiosité que d'intérêt, — que de trésors de toutes sortes !... Vois donc, Frédérik ! C'est un livre vivant où l'on pourrait étudier les usages, les mœurs, l'histoire de ce singulier pays... car voici une collection de médailles, de monnaies, de dessins et de manuscrits.

— Dis donc, mère, — reprit Frédérik, — que de bonnes et longues soirées d'hiver l'on passerait ici en lisant un voyage en Chine... en suivant ainsi, pour ainsi dire sur nature... toutes les narrations du livre !

— Au moins, monsieur, — dit Marie à M. Dutilleul, — M. de Pont-Brillant vient souvent visiter ce pavillon si curieux, si intéressant ?

— M. le marquis n'est pas non plus fou de chinoiseries, madame ; il aime mieux la chasse.

Feu M. le marquis, son arrière-grand-père, avait fait construire cette maison, parce que, dans ce temps-là,... c'était la mode, voilà tout.

Marie ne put s'empêcher de hausser imperceptiblement les épaules, en échangeant un demi-sourire avec son fils, qui, de plus en plus rêveur et réfléchi, suivit sa mère à qui le docteur offrit son bras.

Les visiteurs eurent alors à traverser une allée sinueuse du jardin d'hiver conduisant à une grotte de rocaille... intérieurement éclairée par de gros verres lenticulaires bleuâtres, enchâssés dans les roches; ces jours jetaient dans cette galerie souterraine ornée de coquillages et de coraux, une pâle clarté semblable à celle qui se tamise dans les lieux sous-marins.

— N'allons-nous pas maintenant chez les ondines, bon docteur? — demanda gaiement madame Bastien en commençant à descendre un plan assez incliné; — quelque naïade ne va-t-elle pas nous recevoir au seuil de son humide empire?

— Vous n'y êtes pas du tout, — répondit le docteur ; — ce passage souterrain, tapissé de nattes, comme vous voyez, et chauffé pendant l'hiver, conduit au château ; car vous remarquerez que tout ce que nous venons de voir se communique par des passages couverts, et qu'en hiver on peut ainsi voyager dans les différentes parties du monde sans crainte du froid ou de la pluie.

En effet, le souterrain aboutissait, par un

escalier en spirale, à l'extrémité d'une longue galerie que l'on appelait *la Salle des Gardes*, et qui, dans les temps reculés, avait dû servir à cette destination.

Dix hautes fenêtres à ogives, garnies de vitraux coloriés et armoriés au blason des marquis de Pont-Brillant, éclairaient cette salle immense aux boiseries de chêne sculpté, au plafond bleu de ciel, divisé en caissons par des poutres de chêne ouvragées et rehaussées de dorure.

Dix guerriers, armés de toutes pièces, casque en tête, visière baissée, bouclier au bras, pertuisane au gantelet, épée au côté, espacés de l'autre côté de la galerie, faisaient face aux dix fenêtres, et les reflets irisés des vitraux jetaient çà et là des lueurs prismatiques sur l'acier des armures qui se détachaient étincelantes sur la boiserie sombre.

Au milieu de cette galerie, on voyait exhaussé sur une estrade un cavalier aussi armé de toutes pièces, dont le grand cheval de bataille, figuré en bois, disparaissait complétement sous sa carapace d'acier, et sous les plis traînants de sa longue housse mi-partie chamois et cramoisi, largement armoriée.

L'armure complète du cavalier, admirablement damasquinée d'or, était un chef-d'œuvre de ciselure et d'ornementation. *M. le chef des cultures,* s'arrêtant devant l'estrade, dit aux visiteurs avec un certain orgueil domestique :

— Cette armure que vous voyez a été portée

par *Raoul IV, sire de Pont-Brillant,* lors de la première croisade ; ce qui prouve, n'est-ce pas? que la noblesse de M. le marquis ne date pas d'hier.

A ce moment, un homme âgé, vêtu de noir, ayant ouvert une des portes massives de la salle des gardes, M. Dutilleul dit au docteur Dufour :

— Tenez, docteur, voilà justement M. Legris, *le conservateur de l'argenterie* du château ; c'est un ami ; je vais vous confier à lui... il vous servira de guide ici mieux que moi...

Et, s'avançant vers le vieillard, M. Dutilleul lui dit à demi-voix :

— Mon cher Legris, ce sont des amis à moi... qui voudraient voir le château, je vous les recommande... à charge de revanche lorsque vos connaissances voudront visiter mes serres.

— Les amis de nos amis sont nos amis, mon cher, — répondit péremptoirement *M. le conservateur de l'argenterie* ; puis d'un geste de tête familier, il fit signe aux curieux de le suivre dans les appartements qu'un nombreux domestique d'intérieur achevait de mettre en ordre.

Il serait trop long d'énumérer les merveilles de splendeur grandiose que renfermait le rez-de-chaussée de ce château ou plutôt de ce palais : depuis une bibliothèque que bien des grandes villes eussent enviée, jusqu'à une galerie de tableaux des plus grands maîtres anciens et modernes, sur lesquels les visiteurs ne purent jeter qu'un coup d'œil rapide, et qu'ils durent traverser presque à la hâte ; car, il faut le dire, malgré son obligeante promesse à M. Dutilleul, *M. le conservateur de l'argenterie* semblait assez impatient de se débarrasser de nos trois curieux.

Le premier étage, ainsi que l'avait annoncé M. Dufour à Frédérik et à sa mère, se composait d'une série de pièces offrant un spécimen de l'aménagement intérieur depuis le XIV siècle jusqu'au XVIII°.

C'était un véritable musée, empreint d'un caractère tout particulier, grâce aux nombreux portraits de famille et aux antiquités de toutes sortes ayant appartenu aux différents membres de cette puissante et ancienne maison.

Dans une des ailes du premier étage, se trouvaient les appartements de la marquise douairière de Pont-Brillant. Celle-ci, malgré son grand âge, tenait à avoir un ameublement aussi frais, aussi coquet, que lorsqu'elle faisait dans sa première jeunesse les beaux jours de la cour de Louis XV. C'était une éblouissante profusion de dorures, de dentelles, et d'anciennes étoffes des plus précieuses ; c'était un encombrement de meubles de bois de rose contournés et chantournés, de porcelaines de Sèvres et de Saxe. Rien n'était surtout plus charmant que la chambre à coucher, tendue en lampas rose et blanc, avec son baldaquin à la *duchesse*, chargé de touffes de plumes d'autruche. Quant à la *chambre de toilette*, c'était un ravissant boudoir tapissé de damas bleu tendre à gros bouquets de marguerites. Au milieu de cette pièce, meublée, comme la chambre, en bois doré, on voyait une magnifique *pompadour* à glace, ornée de housses et de rideaux de point d'Alençon, renoués par de gros nœuds de ruban, et couverte d'ustensiles de toilette, les uns en or émaillé, les autres en vieux Sèvres bleu de ciel.

Nos trois visiteurs venaient d'entrer dans cet appartement, lorsque parut un homme à la physionomie hautaine et bouffie d'importance. Ce personnage, qui portait un ruban rouge à la boutonnière de sa redingote, n'était rien moins que *M. l'intendant du château et des domaines*.

A la vue des trois étrangers, *M. l'intendant* fronça le sourcil d'un air à la fois très-surpris et très-mécontent.

— Que faites-vous ici? — demanda-t-il à son subordonné, M. Legris, d'une voix impérieuse. — Pourquoi n'êtes-vous pas occupé de votre argenterie?... Qu'est-ce que ce monde-là?

A ces inconvenantes paroles, madame Bastien devint pourpre de confusion, le docteur se redressa de toute la hauteur de sa petite taille, Frédérik rougit extrêmement et s'écria à demi-voix en regardant sa mère :

— L'insolent !...

Madame Bastien prit vivement la main de son fils et haussa les épaules en lui montrant d'un regard de pitié le sot intendant.

— Monsieur Desmazures, — répondit humblement M. Legris à son supérieur, — ce sont des amis de Dutilleul;..., il m'a prié de leur montrer le château et... j'ai cru...

— Mais, c'est inconcevable, — s'écria l'intendant en interrompant M. Legris, — mais c'est d'un sans-gêne qui n'a pas de nom... cela ne se passerait pas ainsi chez des bourgeois de la rue Saint-Denis! Introduire ainsi les premiers venus dans les appartements de madame la marquise!

— Monsieur, — dit d'une voix ferme le docteur Dufour, en faisant deux pas vers l'intendant, — madame Bastien, son fils et moi, qui suis le médecin de M. Dutilleul, nous ne croyions pas commettre et nous n'avons pas, en effet, commis la moindre indiscrétion,... en acceptant l'offre que l'on nous a faite de visiter le château... J'ai été voir plusieurs demeures royales, monsieur, et je crois bon de vous apprendre que j'y ai toujours été accueilli avec politesse... par les gens qui les gardaient.

— C'est possible, monsieur, — répondit sèchement l'intendant, — mais vous vous étiez sans doute adressé à qui de droit, pour obtenir la permission de visiter ces châteaux... Vous m'eussiez adressé votre demande... par écrit, à moi, l'intendant, le seul maître ici en l'absence de M. le marquis, que j'aurais vu ce que j'avais à vous répondre.

— Il nous reste à prier *monsieur l'intendant*, de vouloir bien excuser notre ignorance des formalités, — dit madame Bastien à cet important, avec un sourire moqueur, afin de montrer à son fils combien elle avait peu de souci de l'impolitesse de cet homme.

Et elle prit le bras de Frédérik.

— Si j'avais été mieux instruit des usages de l'administration de *monsieur l'intendant,* — ajouta le docteur d'un ton sardonique, — *monsieur l'intendant* aurait reçu ma supplique respectueuse afin d'obtenir de sa toute-puissante bonté la permission de visiter le château.

— Monsieur, — s'écria l'intendant avec une hauteur courroucée, — est-ce une plaisanterie?

— A peu près, monsieur, — reprit le docteur.

L'intendant fit un mouvement de colère.

— Pour ne pas terminer cet entretien par

une plaisanterie, monsieur, — reprit madame Bastien, en s'adressant à l'intendant, — permettez-moi de vous dire sérieusement, monsieur, que j'ai souvent lu que l'on reconnaissait toujours la maison d'un grand seigneur à la parfaite urbanité de ses gens.

— Eh bien, madame?

— Eh bien, monsieur, il me semble que vous désirez confirmer la règle... par l'exception.

Il est impossible d'exprimer avec quelle finesse et quelle gracieuse dignité, Marie Bastien donna cette leçon méritée à l'important personnage, qui se mordit les lèvres et ne souffla mot.

Marie, prenant alors le bras du docteur, lui

dit gaiement à demi-voix, ainsi qu'à Frédérik:

— Il ne faut pas nous étonner... ne savons-nous pas que dans les pays enchantés on rencontre parfois des génies malfaisants, mais presque toujours d'un ordre subalterne?..... Sauvons-nous vite avec les souvenirs de ces merveilles que le vilain génie n'aura pu flétrir.

. . . .

Un quart d'heure après cet incident, madame Bastien, Frédérik et le docteur quittaient le château de Pont-Brillant par une des portes communes.

Marie, autant par bon esprit que par délicatesse pour le docteur, qui semblait peiné de la désagréable issue de cette excursion, dont il se reprochait d'avoir eu la malencontreuse idée, Marie prit parfaitement et très-gaiement son parti de leur commune mésaventure, et plaisanta la première sur la ridicule importance que se donnait M. l'intendant.

De son côté, M. Dufour, fort au-dessus de l'impolitesse de cet homme, ne s'en était affecté qu'en raison du chagrin qu'elle pouvait causer à madame Bastien ; mais en la voyant bientôt oublieuse et insouciante de ce désagréable incident, le bon docteur, revenu à sa gaieté naturelle, rappela l'existence de certaine galette de ménage, enfouie avec d'autres provisions, dans le coffre de sa carriole, humble véhicule laissé sous la garde d'un enfant à l'entrée de l'avenue du château.

Au bout d'un quart d'heure de marche dans la forêt, les trois amis ayant trouvé une belle place gazonnée, abritée du soleil par un bouquet de chênes énormes, l'on s'y installa joyeusement pour déjeuner.

Frédérik, quoiqu'un peu contraint, parut partager la gaieté de sa mère et du docteur...

Marie, trop clairvoyante pour ne pas remarquer que son fils éprouvait quelque chose d'inaccoutumé, crut deviner la cause de ces préoccupations et le plaisanta doucement sur la gravité qu'il semblait attacher à l'impertinence d'un sot intendant.

— Allons, mon beau Cid... mon vaillant chevalier, — disait-elle gaiement à son fils en l'embrassant avec tendresse, — garde ta colère et ta bonne épée pour un adversaire digne de toi... Nous avons donné, le docteur et moi, à ce domestique mal appris, une excellente leçon. Ne songeons qu'à terminer gaiement cette journée et au plaisir que nous aurons pendant bien longtemps à nous entretenir des trésors de toute sorte que nous aurons vus et que nous emportons par la pensée dans notre chère petite maisonnette.

Puis, se mettant à rire, la jeune femme ajouta :

— Dis donc, Frédérik.

— Mère.

— Tu n'oublieras pas de dire demain matin à M. le vieux père André, *chef de nos cultures à la belle étoile*, de nous faire un superbe bouquet de muguet des bois et de violettes des prés, tout ce que nous avons de plus rare enfin.

— Oui, mère, — répondit Frédérik en souriant.

— Il ne faudra pas non plus oublier, — ajouta la jeune femme, — de prévenir *M. le chef de nos écuries*, d'atteler... dans l'après-dîner, notre vénérable cheval blanc. Choisis celui-là... et pour cause, nous irons à la ville faire emplette de toile de ménage.

— Et moi, madame la rieuse, — s'écria le docteur la bouche pleine, — je vous dis, je vous prouve que votre vieille Marguerite, *le chef de vos cuisines*, a fait là une galette... oh mais ! une galette...

Le bon docteur n'acheva pas, càr il faillit étouffer.

Alors, ce furent des rires sans fin, et Frédérik fit tous ses efforts pour partager l'hilarité de sa mère et du docteur.

En effet, le rire de l'adolescent était contraint ; il éprouvait moralement un malaise étrange et croissant... De même que certains symptômes vagues, inexplicables, annoncent parfois l'invasion prochaine d'une maladie encore latente ; de vagues, d'inexplicables sentiments, encore confus mais douloureux, semblaient sourdre et germer au plus profond du cœur de Frédérik... Le caractère de ces sentiments encore indéfini, lui causait cependant une sorte de honte... tellement instinctive, que, lui, toujours si confiant envers sa mère, redouta sa pénétration, pour la première fois de sa vie, mit tout en œuvre pour la déjouer... et y parvint en affectant sa gaieté habituelle jusqu'à la fin de cette journée.

V

Quelques jours s'étaient passés depuis la visite de madame Bastien et de son fils au château de Pont-Brillant.

Frédérik n'était jamais sorti de la maison de sa mère, que pour aller chez quelques personnes d'une condition non moins modeste que la sienne; aussi resta-t-il d'abord sous l'impression d'éblouissement dont il avait été frappé, à la vue des innombrables merveilles du château, de ce luxe royal, si nouveau pour lui.

Mais, le lendemain, lorsque l'adolescent s'éveilla dans sa petite chambre, il la trouva triste et nue; allant, ensuite, selon sa coutume, embrasser sa mère chez elle, involontairement il compara de nouveau l'élégance à la fois coquette et magnifique de l'appartement de la vieille marquise de Pont-Brillant, à la pauvreté de la demeure maternelle, et en éprouva un grand serrement de cœur.

Le hasard rendit encore cette impression plus sensible pour Frédérik...

Lorsqu'il entra chez madame Bastien, la jeune femme, dans toute la fraîcheur matinale de sa beauté ravissante, tressait ses longs cheveux bruns devant une toilette de bois peint, recouverte d'une toile cirée, bien luisante, et surmontée d'une petite glace à bordure noire.

Frédérik, se rappelant que le satin, la dentelle et l'or enrichissaient la splendide toilette de la marquise douairière de Pont-Brillant, ressentit pour la première fois la morsure aiguë de l'ENVIE, et se dit, contraignant d'autant moins l'amertume de sa réflexion, qu'il ne s'agissait pas de lui, mais de sa mère :

« — Ce boudoir si élégant, si somptueux,
« que j'ai vu au château, ne semble-t-il pas
« bien plutôt destiné à une charmante per-
« sonne comme ma mère, qu'à cette marquise

« octogénaire, qui, dans sa ridicule coquet-
« terie, se plaît à admirer sa figure décrépite,
« dans ses miroirs encadrés d'or, de dentelles,
« et de rubans ? »

Rêveur et déjà vaguement attristé, Frédérik se rendit au jardin.

La matinée était superbe ; le soleil de juillet faisait étinceler comme autant de perles cristallines les gouttes d'abondante rosée suspendues au calice des fleurs. Jusqu'alors, l'adolescent s'était souvent extasié avec sa mère sur la fraîcheur, l'éclat et le parfum d'une rose, analysant, admirant dans un ravissement toujours nouveau ce trésor de coloris, d'élégance et de senteur... Le disque d'argent des *pâquerettes,* le velours miroitant des *pensées,* les grappes aériennes de l'acacia rose ou de l'ébénier, tout enfin, jusqu'à la bruyère des landes, jusqu'au genêt des bois, avait jusqu'alors excité l'intelligente admiration de Frédérik; mais ce matin-là, il n'eut pour ces fleurs simples et charmantes que des regards distraits presque dédaigneux.

Il songeait à ces rares et magnifiques plantes tropicales dont étaient remplies les serres chaudes du château.

La futaie séculaire, pourtant si ombreuse et si égayée par le gazouillement des nichées d'oiseaux qui semblaient répondre au murmure de la petite cascade et du ruisseau, fut aussi dédaignée.... Qu'étaient cette centaine de vieux chênes et ce filet d'eau limpide auprès des immenses ombrages du parc de Pont-Brillant, tantôt peuplés de statues de marbre blanc, tantôt réfléchis dans des bassins énormes, du milieu desquels naïades et tritons de bronze, verdis par les années, faisaient incessamment jaillir mille gerbes d'eau, dont l'humide poussière atteignait la cime d'arbres gigantesques?

Frédérik, de plus en plus pensif et attristé, eut bientôt atteint la lisière de la futaie....

L'âme oppressée, il jeta machinalement les yeux autour de lui....

Soudain il tressaillit et se retourna brusquement....

Il venait d'apercevoir, se dessinant à l'horizon et dominant l'antique forêt, le château de Pont-Brillant, que le soleil levant inondait d'une lumière dorée....

A cet aspect, Frédérik se rejeta dans l'ombre de la futaie, comme s'il eût voulu reposer sa vue d'un éblouissement douloureux.... Mais hélas!.... quoiqu'il fermât pour ainsi dire les yeux du corps devant cette vision resplendissante, la trop fidèle mémoire de ce malheureux enfant, rappelant incessamment à sa pensée les merveilles dont il avait été si frappé, l'amenait fatalement à de nouvelles et poignantes comparaisons qui devaient flétrir, empoisonner une à une les joies naïves du passé, jusqu'alors pour lui si pleines de charmes......

Ainsi, passant devant la porte entr'ouverte

de l'écurie d'un vieux cheval de labour, hors de service, que l'on attelait seulement parfois à une sorte de carriole couverte, humble équipage de madame Bastien, Frédérik entendit hennir... c'était le pauvre animal qui, habitué de recevoir chaque matin de son jeune maître quelques croûtes de pain dur, passait à travers la haie de la porte sa grosse tête débonnaire, à demi cachée sous une crinière ébouriffée, réclamant joyeusement sa *friandise* quotidienne.

Frédérik, pour réparer son oubli, arracha une poignée d'herbe fraîche, et la fit manger dans sa main au vénérable *laboureur,* dont il caressait en même temps l'épaisse et rustique encolure; mais soudain, venant à se rappeler les magnifiques chevaux de course et de chasse qu'il avait vus au château, il sourit avec une expression d'humiliation amère, s'éloigna brusquement du vieux cheval, qui, surpris et tenant encore sa poignée d'herbe entre ses dents, suivit longtemps son maître d'un regard intelligent et doux.

Une autre fois, c'était une femme infirme et âgée à qui, chaque semaine, Frédérik, à défaut d'aumône en argent, donnait du pain et quelques fruits.

— Tenez, bonne mère, lui dit-il en lui faisant son offrande accoutumée, — je voudrais vous venir mieux en aide, mais ma mère et moi nous n'avons pas d'argent.

— Vous êtes bien bon tout de même, monsieur Bastien, — reprit la mendiante, — mais bientôt je n'aurai plus rien à vous demander.

— Pourquoi cela?

— Ah dame!... monsieur Bastien.... *monsieur le marquis* vient habiter le château, et ces grands seigneurs, ça fait quelquefois de grosses aumônes en argent, et j'espère en avoir ma part. Votre servante.... monsieur Bastien.

Pour la première fois Frédérik rougit de l'humble aumône qu'il avait jusqu'alors faite avec un si doux contentement de cœur; aussi plus tard il répondit brusquement à un indigent qui l'implorait :

— Vous ririez de mon aumône, adressez-vous à *monsieur le marquis*... il doit être la providence de la contrée.... lui!... il est si riche!

L'âme du malheureux enfant s'assombrissait ainsi de plus en plus.

Ce qui naguère encore le charmait, prenait à ses yeux une teinte morne; triste et froid brouillard qui s'étendait peu à peu sur les gais horizons, sur les riantes perspectives de ses jeunes années jusqu'alors si heureuses.

Cette invasion de l'envie dans le cœur de Frédérik semblera peut-être d'autant plus étrange que l'on connaît mieux le passé de l'adolescent.

Et cependant cette anomalie apparente est explicable.

Le fils de madame Bastien avait été élevé dans un milieu modeste, presque pauvre; mais le tact exquis, l'instinct délicat de la jeune mère avaient su donner à la simplicité de son entourage un rare caractère d'élégance et de distinction, et cela grâce à ces mille *riens* dont l'ensemble est charmant.

Ainsi, quelques branches de bruyères sauvages, mêlées de fleurs agrestes, arrangées avec goût, peuvent former une brillante parure.... Mais la gracieuse main qui sait tirer si bon parti de la flore rustique, serait-elle moins habile à nuancer l'éclat d'un bouquet aussi rare que magnifique ? Non, sans doute !

Le sentiment de l'élégance et du beau, développé, raffiné par l'éducation, par les habitudes, par la culture des arts, mettait donc Frédérik à même d'admirer, d'apprécier plus que personne les merveilles du château de Pont-Brillant, et fatalement de les envier en proportion du désir qu'elles lui inspiraient.

Frédérik eût au contraire vécu jusqu'alors dans un milieu vulgaire, entouré d'objets repoussants, que, façonné à une vie grossière, il eût, dans sa rudesse, été plus ébahi que charmé des trésors du château; et il ne les aurait sans doute pas enviés, ignorant les jouissances élevées qu'ils pouvaient procurer.

C'eût été encore la fable du *Coq et de la Perle.*

Et puis enfin, par l'éducation, par le cœur, par l'intelligence, par les manières, peut-être même par la grâce et par la beauté, Frédérik se sentait au niveau du jeune marquis... moins la naissance et la richesse, et, pour cela même, il lui enviait plus âprement encore ces avantages que le hasard seul dispense.

Madame Bastien, incessamment occupée de son fils, s'aperçut peu à peu du changement qui s'opérait en lui... et se manifestait par des accès de mélancolie fréquents. Le modeste *cottage* ne retentissait plus, comme par le passé, d'éclats de rire fous, causés par ces jeux animés et bruyants auxquels la jeune mère participait si joyeusement...

L'étude finie, Frédérik prenait un livre et lisait durant le temps de sa récréation ; mais, plus d'une fois, madame Bastien s'aperçut que son fils, son front appuyé sur sa main, restait un quart d'heure, les yeux fixément attachés sur la même page...

Lorsque, dans son inquiétude croissante, madame Bastien disait à son fils :

— Mon enfant... je te trouve triste... préoccupé... taciturne;... tu n'es plus gai comme par le passé...

— Que veux-tu, mère? — répondait Frédérik en tâchant de sourire, — je suis quelquefois surpris ainsi que toi... de la tournure plus sérieuse que prend mon esprit... Cela n'est pas étonnant... je ne suis plus un enfant... la raison me vient.

Frédérik n'avait jamais menti, et il mentait...

Jusqu'alors, enfant ou adolescent, avouant toujours loyalement ses fautes à sa mère, elle avait été la confidente de ses moindres pensées... mais à la seule idée de lui confier ou de la voir pénétrer les sentiments pleins de fiel, éveillés en lui par sa visite au château de Pont-Brillant, l'adolescent éprouvait une honte écrasante, un effroi insurmontable. Plus il se savait adoré de sa mère, plus il redoutait de lui paraître dégradé; il n'eût pas reculé devant l'aveu d'une grande faute, résultant d'un entraînement quelconque; il eût mieux aimé mourir que de lui avouer les tourments de l'ENVIE; aussi, mis en garde contre lui-même par l'inquiète sollicitude de madame Bastien, il employa toute la force, toute l'opiniâtreté de son caractère résolu, toutes les ressources de son esprit, à cacher désormais la plaie douloureuse qui commençait à le ronger; mais c'est en vain qu'il eût voulu se soustraire à la profonde sagacité de la tendresse de sa mère, si celle-ci n'eût pas été à la fois égarée et rassurée par le docteur Dufour.

« — Ne vous alarmez pas, — lui dit d'ail-
« leurs en toute sincérité le médecin, à qui elle
« avait confié le sujet de ses craintes, — Fré-
« dérik subit l'influence de l'époque critique
« dans laquelle il se trouve... La dernière crois-
« sance et la puberté causent souvent, pendant
« quelques mois, de ces brusques et singuliers
« revirements dans le caractère des adolescents;
« les plus expansifs, les plus gais deviennent
« parfois sombres, taciturnes; ils éprouvent
« alors d'indéfinissables angoisses, des mélan-
« colies sans raison, de grands abattements, et
« un impérieux besoin de rêverie, de solitude...
« Encore une fois, ne vous alarmez donc pas
« de ce phénomène, toujours plein de mystère

« et d'imprévu... Surtout, n'ayez pas l'air de
« vous apercevoir du changement que vous re-
« marquez chez votre fils; il s'inquiéterait pour
« vous et pour lui; laissez faire le temps: cette
« crise, presque inévitable, aura son terme,
« vous verrez alors Frédérik revenir à son ca-
« ractère habituel; seulement, il aura la voix
« mâle et vibrante. Tranquillisez-vous; je ré-
« ponds de tout! »

L'erreur du docteur Dufour était d'autant plus excusable, que les symptômes dont s'effrayait madame Bastien ressemblaient fort à ceux dont on remarque la présence chez beaucoup d'adolescents lors de l'âge de la puberté.

De son côté, madame Bastien devait accepter ces explications si vraisemblables, car elle n'avait pu deviner la cause réelle du changement de Frédérik.

Ce changement ne s'était pas manifesté immédiatement après la visite au château; ça avait été, au contraire, peu à peu, par une progression presque insensible; et quand vint le jour où madame Bastien commença de s'inquiéter, plus d'un mois s'était écoulé depuis l'excursion à Pont-Brillant; aucun rapport ne semblait donc pouvoir exister entre cette *joyeuse partie* et la sombre mélancolie de Frédérik, qui, d'ailleurs, mettait tous ses soins à cacher son secret.

Comment enfin madame Bastien pouvait-elle supposer que son fils, élevé par elle, et jusqu'alors d'un caractère si généreux, si noble, pût connaître l'envie?

Aussi, rassurée par M. Dufour, en qui elle avait et devait avoir une entière confiance, voyant dans les symptômes dont elle s'était alarmée, la conséquence d'une crise passagère et inévitable, madame Bastien, tout en suivant avec une tendre sollicitude les différentes phases de l'état de son fils, s'efforça de lui cacher la tristesse dont elle se sentait souvent accablée, en le trouvant si changé, et attendit sa guérison avec résignation.

L'erreur si concevable du docteur Dufour, erreur partagée par madame Bastien, eut des suites funestes.

Frédérik, désormais à l'abri des incessantes questions et de l'inquiète sagacité de sa mère, put s'abandonner aveuglément au courant qui l'entraînait.

A mesure que son humble existence, que ses joies innocentes s'étaient flétries au souffle ardent d'une envieuse comparaison... Frédérik avait voulu chercher quelques distractions dans l'étude; mais bientôt l'étude lui devint impossible... son esprit était ailleurs... et puis, il se disait :

— « Quoi que j'apprenne... quoi que je sa-
« che, je ne serai jamais que *Frédérik Bastien*,
« un demi-paysan, voué d'avance à une vie obs-
« cure et pauvre... tandis que ce jeune marquis,
« sans avoir jamais rien fait pour cela, jouit de
« l'éclat d'un nom glorieux et illustré pendant
« des siècles! »

Alors se retraçaient à la mémoire de Frédérik ces souvenirs féodaux de Pont-Brillant, ces galeries d'armures, ces portraits, ces blasons, preuves parlantes de la puissance et de la célébrité historique de cette ancienne et grande maison ; alors, pour la première fois, le malheureux enfant, cruellement humilié de la profonde obscurité de sa naissance, s'affaissait sous le poids d'un découragement invincible.

« — Pourquoi, — se disait-il, — ce jeune
« marquis, déjà las ou insouciant des magni-
« ficences dont il est comblé, de ces trésors de
« toutes sortes, dont la millième partie ferait le
« bonheur de ma mère, le mien et celui de tant
« de gens, pourquoi, de quel droit, ce jeune
« homme possède-t-il ces magnificences? Les
« a-t-il acquises par son travail? Non... non...
« Pour jouir, pour se rassasier de tout, il s'est
« seulement donné la peine de naître. Pourquoi

« tout à celui-là? rien aux autres? Pourquoi là-
« bas tant de superflu, tandis qu'ici ma mère
« est réduite à peser aux indigents le pain de
« l'aumône? »

Ces réflexions de Frédérik, si amères, si douloureuses, sur l'effrayante disproportion des conditions humaines, avivant, envenimant encore son envie, l'exaltèrent bientôt presque jusqu'à la haine, et cette haine, de nouveaux événements devaient l'enraciner dans son cœur.

VI

La première période de l'ENVIE qu'éprouvait Frédérik, avait été pour ainsi dire passive.

La seconde fut active.

Ce qu'il souffrit alors est impossible à exprimer; cette souffrance, cachée, concentrée au plus profond de son âme, n'avait pas d'issue et était toujours avivée par la vue incessante, fatale, du château de Pont-Brillant, que ses regards rencontraient presque toujours, de quelque côté qu'il les tournât, car l'antique édifice dominait au loin et partout l'horizon; plus Frédérik sentait l'âcreté des progrès de son mal, plus il sentait la nécessité de le dissimuler à sa mère; se disant, dans son morne désespoir, que de pareilles douleurs ne méritaient que mépris et aversion, et qu'une mère elle-même ne pouvait pas les prendre en pitié.

Toutes les affections morales ont leur réaction physique.

La santé de Frédérik s'altéra, il perdit le sommeil, l'appétit. Lui, autrefois si animé, si actif, répugnait à la moindre promenade; il fallait, pour l'arracher à son apathie taciturne ou à ses sombres rêveries, la pressante et tendre sollicitation de sa mère.

Pauvre Marie! combien elle souffrait aussi... mais en silence, et tâchant de sourire toujours, de crainte d'alarmer son fils sur lui-même; mais elle ne se décourageait pas, et attendait avec un mélange d'angoisse et d'impatiente espérance, la fin sans doute prochaine de cette crise dont le docteur Dufour lui avait expliqué la cause.

Mais, hélas! combien cette attente semblait longue et pénible à la jeune femme! quel changement! quel contraste!... A cette vie naguère si délicieusement partagée avec un fils adoré,... à ces études attrayantes, à ces jeux d'une folle gaieté, à ces entretiens débordant de tendresse, de confiance et de bonheur, succédait une vie morne, inoccupée, taciturne.

Un jour... vers le commencement d'octobre, par un ciel brumeux qui annonçait les derniers beaux jours de l'automne, madame Bastien et son fils étaient réunis dans la salle d'étude, non plus joyeux et jaseurs comme par le passé... mais silencieux et tristes.

Frédérik, pâle, abattu, accoudé sur sa table de travail, soutenait son front de sa main gauche, et de sa main droite écrivait lentement dans un cahier ouvert devant lui.

Madame Bastien, assise non loin de lui, et occupée, par contenance, d'un travail de tapisserie, tenait son aiguille suspendue, s'apprêtant à reprendre son ouvrage au moindre mouvement de l'adolescent, qu'elle regardait à la dérobée.

Une larme difficilement contenue brillait dans les yeux de Marie, frappée de l'expression navrante des traits de son fils; elle se souvenait que, peu de temps auparavant, à cette même table, les heures d'étude étaient pour elle et pour son Frédérik des heures de fête, de plaisir... Elle comparait le zèle, l'entrain qu'il mettait alors dans ses travaux, à la pénible lenteur, au découragement qu'en ce moment elle remarquait en lui... car elle vit bientôt la plume de Frédérik tomber de ses doigts, et sa physionomie trahir un ennui... une lassitude invincibles...

L'adolescent, ayant à peine étouffé un soupir

douloureux, cacha son visage dans ses mains, et resta ainsi absorbé, durant quelques minutes...

Sa mère ne le perdait pas de vue un seul instant; mais quelle fut sa surprise, en voyant soudain son fils redresser la tête, et, les yeux brillants d'un sombre éclat, le visage légèrement coloré, les lèvres contractées par un sourire sardonique, reprendre vivement sa plume, et écrire sur le cahier ouvert devant lui, avec une rapidité fiévreuse...

L'adolescent était transfiguré. Naguère encore abattu, éteint, l'animation, la pensée, la vie, semblaient déborder en lui; on voyait pour ainsi dire, les idées affluer sous sa plume insuffisante à la rapidité de l'inspiration; tandis que quelques brusques tressaillements du corps, quelques vifs battements du pied témoignaient d'une fougueuse impatience.

Ici quelques mots d'explication sont nécessaires.

Depuis quelque temps Frédérik avait avoué à sa mère son dégoût, son incapacité de tout travail régulier ; seulement parfois, pour condescendre aux désirs de madame Bastien, et aussi dans l'espérance de se distraire, il essayait quelque récit, quelque *amplification* sur un sujet donné... Mais en vain, il sollicitait son imagination, autrefois brillante et féconde... en vain il aiguillonnait sa pensée dont sa mère avait souvent remarqué avec orgueil l'élévation précoce.

« — Je ne sais pas ce que j'ai, — murmu-

« rait alors Frédérik morne et découragé, — « il me semble qu'un voile s'est étendu sur mon « esprit; pardonne-moi, mère, ce n'est pas ma « faute. »

Et madame Bastien de trouver mille raisons pour excuser et réconforter Frédérik à ses propres yeux.

Aussi, le jour dont nous parlons, la jeune mère s'attendait presque à voir Frédérik renoncer bientôt à son travail. Quel fut donc son étonnement en le voyant pour la première fois depuis longtemps écrire avec animation et entraînement!

Dans ce retour subit aux habitudes du passé, madame Bastien crut trouver un premier symptôme de la cessation de cette crise dont son fils subissait l'influence; sans doute son esprit commençait à se dégager du voile qui l'obscurcissait.

Madame Bastien, impatiente de savoir si elle ne se trompait pas, se leva, et marchant sans bruit sur la pointe des pieds, profita de la préoccupation de son fils pour arriver près de lui à son insu; alors toute palpitante d'espoir elle appuya ses deux mains sur l'épaule de Frédérik, et, après l'avoir baisé au front, elle se pencha pour lire ce qu'il écrivait.

L'adolescent tressaillit de surprise, referma vivement son cahier, et, se retournant vers sa mère, la physionomie impatiente, presque irritée, il s'écria :

— C'est indiscret… cela… ma mère.

Puis enlevant du cahier, en les lacérant, les feuilles qu'il avait écrites, il les froissa et les jeta dans la cheminée, où elles furent bientôt consumées par les flammes.

Madame Bastien, frappée de stupeur, resta un moment immobile et muette de douleur; puis, comparant la brusquerie de Frédérik à la ravissante confraternité d'études, qui régnait autrefois entre eux, elle fondit en larmes.

Pour la première fois de sa vie, son fils la blessait au cœur.

A la vue des pleurs de Marie, Frédérik, éperdu, se jeta à son cou, la couvrit de caresses et de larmes, en murmurant d'une voix entrecoupée:

— Oh! pardon... mère... pardon...

A ces mots, partis du fond de l'âme, à ce cri empreint d'un repentir déchirant, madame Bastien se reprocha la douloureuse impression qu'elle venait de ressentir, elle se reprocha jusqu'à ses larmes; ne devait-elle pas tenir compte de la situation maladive de Frédérik, seule cause d'un mouvement de brusquerie dont il se repentait si amèrement?

Aussi la jeune femme, couvrant à son tour Frédérik de baisers passionnés, à son tour aussi, lui demanda pardon.

— Pauvre enfant, — lui dit-elle, — tu souffres; la douleur rend nerveux... irritable. J'ai eu tort de m'affecter d'une impatience involontaire, dans laquelle ton cœur n'était pour rien...

— Non... oh! non... mère... je te le jure...

— Je te crois, va... est-ce que je peux douter de toi, mon Frédérik?...

— J'ai déchiré ces pages... vois-tu, mère, — reprit-il avec un certain embarras, car il mentait, — j'ai déchiré ces pages... parce que.... parce que.... j'en étais mécontent; c'était plus mauvais que tout ce que j'ai essayé d'écrire depuis que... je ressens ce malaise... ce découragement sans cause...

— Et moi, mon enfant... en te voyant pour la première fois depuis longtemps... travailler avec animation... j'ai été si contente, que je n'ai pu résister au désir de lire bien vite ce que tu écrivais... Mais ne parlons plus de cela, mon Frédérik, bien que je sois certaine que tu as été trop sévère pour toi-même...

— Non... je t'assure...

— Je te crois... et puisque le travail te pèse... veux-tu que nous sortions un peu?

— Mère, — répondit Frédérik avec accablement, — le temps est si triste!... Vois..... ce ciel gris!

— Allons, cher paresseux, — répondit madame Bastien, en souriant doucement, — est-ce que pour nous il est des temps tristes? est-ce que pour nous le brouillard de l'automne... neige de l'hiver... n'ont pas leur charme?

est-ce que nous ne sommes pas habitués à gaiement affronter, bras dessus, bras dessous, la brume et la froidure? Allons... viens!... cette promenade te fera du bien... Depuis deux jours nous ne sommes pas sortis... C'est honteux! nous, autrefois si intrépides marcheurs!

— Je t'en prie... laisse-moi là, — répondit Frédérik, cédant à une insurmontable apathie, — je ne me sens pas le courage de faire un pas.

— Et c'est justement cette dangereuse langueur que je veux combattre... Allons... mon pauvre cher indolent... un peu de résolution; viens du côté de l'étang, tu me feras faire une jolie promenade sur l'eau dans notre batelet. Cet exercice de la rame, que tu aimes tant, te fera du bien...

— Je n'en aurais pas la force... ma mère.

— Eh bien, tu ne sais pas? les bûcherons ont dit ce matin à André qu'il y avait un beau passage de vanneaux; emporte ton fusil... nous irons du côté des bruyères de la *Sablonnière*... cela t'amusera... et moi aussi; tu es si adroit que je n'ai jamais eu peur de te voir manier ton fusil !

— Je t'assure... que je n'aurais aucun plaisir à la chasse...

— Tu l'aimais tant !...

— Je n'aime plus rien,

Murmura presque involontairement Frédérik avec un accent d'abattement et d'amertume inexprimable.

La jeune femme sentit de nouveau les larmes lui venir aux yeux.

Frédérik comprenant l'angoisse de sa mère, s'écria :

— Oh !... toi... je t'aime toujours... tu le sais.

— Oui... je le sais... je le sens... mais tu ne peux t'imaginer avec quel accent désespérant tu as dit cela : *Je n'aime plus rien !*

Puis, se reprenant et tâchant de sourire, afin de ne pas attrister son fils, Marie ajouta :

— En vérité, je ne sais pas ce que j'ai aujourd'hui.... pour m'affliger et.... mon Dieu... pour t'affliger aussi à tout propos... Car voilà que tu pleures... mon enfant... mon pauvre enfant...

— Laisse, mère... laisse... il y a longtemps que je n'ai pleuré, il me semble que cela me fait du bien...

L'adolescent était resté assis; sa mère, à genoux devant lui, étanchait silencieusement les larmes qu'il versait.

Il disait vrai... ces larmes le soulagèrent. Ce pauvre cœur, noyé de fiel, se dilata un peu; et lorsque, après avoir levé au ciel ses yeux baignés de pleurs, Frédérik abaissa son regard sur l'adorable figure de sa jeune mère, agenouillée à ses pieds... il vit ses traits angéliques empreints à la fois d'une douleur si touchante et surtout d'une bonté si infinie, que vaincu par l'expression de cette divine tendresse, il eut un instant la pensée d'avouer à Marie les ressentiments dont il était dévoré.

— Oui... oui... — se disait-il, — j'ai eu tort de redouter son mépris ou sa colère... Dans sa bonté d'ange, je trouverai pitié, mansuétude, consolation et secours...

A la seule idée de ce projet, Frédérik se sentit moins accablé...

Cette lueur d'espérance lui rendit quelque courage; après un moment de silence, il dit à madame Bastien, qui le couvait des yeux :

— Mère,... tout à l'heure, tu me proposais de sortir,... tu avais raison,... un peu de promenade me fera du bien...

Cette détermination, les larmes récentes de son fils, l'attendrissement qui semblait détendre sa physionomie navrée, parurent d'un bon augure à madame Bastien; elle prit à la hâte son chapeau, un léger mantelet de soie, et gagna bientôt les champs, voulant que Frédérik s'appuyât sur son bras.

Ainsi que cela arrive souvent au moment d'un grave et pénible aveu, l'adolescent voulait en reculer l'heure; puis il sentait la difficulté d'entrer en matière sur un pareil sujet; il cherchait comment il s'excuserait auprès de sa mère de lui avoir pendant si longtemps caché la vérité... Enfin, il sentait que, restant à la maison, son entretien aurait pu être interrompu par quelque survenant, et qu'il trouverait plus de secret et de facilité dans l'intimité d'une longue promenade à travers la campagne solitaire.

Par un heureux hasard, le temps, d'abord brumeux et sombre, s'éclaircit peu à peu ; bientôt un beau soleil d'automne rendit la nature d'un aspect plus riant.

— On croirait, mon Frédérik, — dit madame Bastien, tâchant d'égayer son fils, — on croirait que ce radieux soleil sort de ses nuages pour te fêter comme un ami qu'il n'a pas vu depuis longtemps. Et puis... remarque donc sa coquetterie.

— Quelle coquetterie, mère ?

— Vois comme il caresse de ses rayons les plus dorés ce vieux genévrier, là-bas... au bout de ce champ... Tu ne te souviens pas?

Frédérik regarda sa mère avec surprise et en faisant un signe de tête négatif.

— Comment... tu as oublié que, pendant deux longues journées de cet été, je me suis assise à l'ombre de ce vieil arbre, pendant que tu achevais de défricher le champ de ce pauvre *écobueur*.

— Ah! oui... c'est vrai, — dit vivement Frédérik.

A ces souvenirs d'une action généreuse, il éprouva un nouveau soulagement... la pensée du triste aveu qu'il devait faire à sa mère, lui sembla moins pénible.

L'espèce d'allégement de cœur qu'il ressentait, se peignit si visiblement sur ses traits, que madame Bastien lui dit :

— Avais-je raison... mon enfant, de t'engager à sortir... ta pauvre chère figure paraît déjà moins souffrante... on dirait que tu renais à ce bon air tiède... je suis sûre que tu te sens mieux.

— Oui... mère...

— Mon Dieu! mon Dieu! — dit madame Bastien en joignant les mains dans une sorte d'invocation ; — quel bonheur... si c'était la fin de ton malaise... mon Frédérik!

La jeune femme, en joignant ainsi ses mains, fit, par la vivacité de son mouvement, tomber à terre et derrière elle, sans le remarquer, son léger mantelet de soie qu'elle avait jusqu'alors maintenu sur ses épaules dont il venait de glisser.

Frédérik ne s'aperçut pas non plus de la perte que venait de faire madame Bastien, et reprit :

— Je ne sais pourquoi... j'espère comme toi... mère... que c'est peut-être la fin de mes souffrances...

— Oh! si tu espères... aussi... toi... nous sommes sauvés, — s'écria-t-elle joyeusement. — M. Dufour me l'a bien dit... cet étrange et douloureux malaise causé par l'âge de croissance... disparaît souvent aussi subitement qu'il est venu... on sort de là comme d'un mauvais songe... et la santé revient par enchantement...

— Un songe! — s'écria Frédérik, en regardant sa mère avec une expression indéfinissable, — oui, tu as raison, mère!... c'était un mauvais songe...

— Mon enfant... qu'as-tu donc? tu parais vivement ému... mais cette émotion... est douce... n'est-ce pas?... oh! je le vois à ta figure.

— Oui... elle est douce... bien douce... si tu savais...

Frédérik ne put achever.

Un bruit croissant que, dans leur préoccupation, Marie et son fils n'avaient pas jusqu'alors remarqué, les fit se retourner.

A quelques pas, derrière eux, ils virent s'avancer à leur rencontre, sur le chemin gazonné, un cavalier, tenant à la main le mantelet de madame Bastien.

Arrêtant alors son cheval, qu'un domestique de sa suite s'empressa de venir prendre, ce cavalier mit lestement pied à terre, et s'avança vers la jeune femme; il tenait son chapeau d'une main et le mantelet de l'autre. S'inclinant alors respectueusement devant madame Bastien, il lui dit avec une grâce et une courtoisie parfaites :

— Madame... j'ai vu de loin ce mantelet glisser de vos épaules... je suis trop heureux de pouvoir vous le rapporter.

Puis, après un nouveau et profond salut,

ayant le bon goût de se dérober aux remerciements de madame Bastien, le cavalier alla rejoindre son cheval, se remit en selle, et, par un raffinement de respectueuse déférence, faisant dévier sa monture de la route, au moment où il passa devant madame Bastien, il suivit la lisière d'un champ comme s'il eût craint d'effrayer la jeune femme, par le voisinage de son cheval; puis il la salua de nouveau en passant devant elle et poursuivit sa route au pas.

Ce cavalier, à peu près de l'âge de Frédérik, d'une jolie figure et de la tournure la plus élégante, avait montré tant de savoir-vivre et de politesse, que madame Bastien le suivit un instant des yeux et dit naïvement à son fils :

— Il est impossible d'être plus poli et de

l'être avec une meilleure grâce... n'est-ce pas, Frédérik?

Au moment où madame Bastien adressait cette question à son fils, passait le petit groom en livrée qui suivait le cavalier, et qui, comme lui, montait un magnifique cheval de pur sang. L'enfant, sévère observateur de l'étiquette, avait attendu en place pour se remettre à la suite de son maître, qu'il y eût entre eux une distance de vingt-cinq pas.

Madame Bastien fit au groom un signe de la main, signe auquel l'enfant s'arrêta :

— Voulez-vous, je vous prie, — lui demanda la jeune femme, — me dire le nom de votre maître?

— *M. le marquis de Pont-Brillant*, madame, — répondit le groom avec un accent anglais très-prononcé.

Puis, voyant de loin son maître prendre le trot, l'enfant s'éloigna rapidement à cette même allure.

— Frédérik, — dit Marie, en se retournant vers son fils, — tu as entendu?... C'est M. le marquis de Pont-Brillant... Ne trouves-tu pas qu'il est charmant!... cela fait plaisir de voir la fortune et la noblesse si bien représentées... n'est-ce pas, mon enfant?... Être si grand seigneur et si parfaitement poli, c'est tout ce que l'on peut désirer... Mais tu ne me réponds rien, Frédérik?... Frédérik! — ajouta madame Bastien avec une soudaine inquiétude, — qu'as-tu donc?

— Je n'ai rien, ma mère... dit-il d'un ton glacial.

— Je vois bien, moi, que tu as quelque chose... tu n'as plus la même figure que tout à l'heure... tu parais souffrir... Mon Dieu! comme tu es devenu pâle!

— C'est que le soleil s'est caché... tout à l'heure... et... j'ai froid.

— Alors... rentrons... mon pauvre enfant, rentrons vite... Pourvu que le mieux que tu ressentais, continue...

— J'en doute... ma mère.

— Tu en doutes?... de quel air tu me dis cela!

— Je dis... ce qui est...

— Mais tu te sens donc moins bien, mon cher enfant?

— Oh! beaucoup moins bien... — ajouta-t-il avec une sorte de farouche amertume, — c'est une rechute... une rechute complète... je le sens... mais c'est le froid, sans doute...

Et ce malheureux, jusqu'alors d'une angélique bonté, et qui avait toujours adoré sa mère, se plaisait cette fois, avec une joie cruelle, à augmenter les inquiétudes de la jeune femme...

Il se vengeait ainsi de la douleur atroce que lui avaient causée les louanges que, dans sa généreuse franchise, Marie venait de donner à Raoul de Pont-Brillant.

Oui, car la *jalousie*, sentiment jusqu'alors aussi inconnu de Frédérik que l'ENVIE l'avait été naguère, venait exaspérer ses ressentiments contre le jeune marquis.

. . . .

La mère et le fils regagnèrent leur maison.

Madame Bastien dans une angoisse inexprimable, Frédérik dans un morne silence, songeant avec une rage sourde qu'il avait été sur le point d'avouer à sa mère le honteux secret dont il rougissait... et cela au moment même où celle-ci accordait tant d'éloges au marquis de Pont-Brillant qu'il poursuivait déjà de sa haineuse ENVIE...

Cette dernière et sanglante comparaison

dans laquelle le fils de madame Bastien se sentait encore écrasé... changea en une haine ardente, implacable, l'aversion presque passive que lui avait jusqu'alors inspirée Raoul de Pont-Brillant.

VII

La petite ville de Pont-Brillant, ancienne mouvance féodale, est située à quelques lieues de Blois non loin de la Loire.

Une promenade appelée *le Mail*, ombragée de grands arbres, borne Pont-Brillant au midi; quelques maisons sont bâties sur le côté gauche de ce boulevard, qui sert aussi de champ de foire, à diverses époques de l'année.

Le docteur Dufour habitait une de ces maisons.

Environ un mois s'était écoulé depuis les événements que nous avons rapportés.

Vers le commencement du mois de novembre, le jour de la Saint-Hubert, patron des chasseurs (prononcez *Sain-Hubert,* si vous voulez paraître quelque peu *veneur*), les oisifs de la petite ville étaient rassemblés sur le Mail, vers les quatre heures de l'après-midi, afin d'assister à une espèce de cortége cynégétique ou de retour de chasse du jeune marquis Raoul de Pont-Brillant qui depuis le matin fêtait le grand saint Hubert en forçant un cerf *dix-cors* dans la forêt voisine; pour plus de solennité, les chasseurs devaient passer triomphalement par Pont-Brillant, pour retourner au château de ce nom, situé à peu de distance de la petite ville, qu'il dominait au loin de sa masse imposante.

Lesdits oisifs, commençant à s'impatienter d'une assez longue attente, virent s'arrêter à la porte du docteur Dufour un large cabriolet de campagne, à la caisse d'une couleur douteuse, attelé d'un vieux cheval de labour, aux harnais rustiques, çà et là rajustés avec des cordes.

Frédérik Bastien, sortant le premier de cette modeste voiture, dont il avait été le conducteur, offrit l'aide de son bras à sa mère qui descendit légèrement du marchepied.

Le vieux cheval, d'une sagesse éprouvée, fut laissé en toute confiance attelé au cabriolet, les guides sur le cou, et seulement rangé par Frédérik au long de la maison du médecin, chez qui madame Bastien et son fils entrèrent aussitôt.

Une vieille servante les précéda dans un salon situé au premier étage, et dont les fenêtres s'ouvraient sur la promenade publique de Pont-Brillant.

— M. le docteur Dufour peut-il me recevoir? demanda madame Bastien à la servante.

— Je crois que oui, madame; seulement monsieur est en ce moment avec un de ses amis qui loge ici depuis plusieurs jours, et qui doit ce soir partir pour Nantes...; mais, c'est égal, je vais toujours prévenir monsieur... que vous êtes là, madame...

— Je vous serai très-obligée, — répondit madame Bastien, — restée seule avec son fils.

L'Envie, exaspérée par la jalousie (l'on n'a pas oublié les justes louanges ingénument données à la parfaite courtoisie du jeune marquis de Pont-Brillant par madame Bastien), avait depuis un mois fait de nouveaux et effrayants ravages dans le cœur de Frédérik; son état maladif avait tellement empiré depuis un mois, qu'on l'eût à peine reconnu; son teint n'était plus seulement pâle, mais jaune et bilieux... Ses joues creuses, ses grands yeux renfoncés brillant d'un éclat fébrile, le sourire amer qui contractait presque toujours ses lèvres, donnaient à ses traits une expression à la fois souffrante et farouche... Ses mouvements, brusques, nerveux; sa voix brève, souvent impatiente, quelquefois dure, achevaient un pénible et frappant contraste entre ce que ce malheureux enfant était alors et ce qu'il avait été jadis.

Marie Bastien semblait profondément abattue, découragée; son visage, empreint d'une douloureuse mélancolie, rendait son angélique beauté plus touchante encore.

A la douce et joyeuse familiarité, à la tendresse expansive qui régnaient autrefois entre la mère et le fils, succédait une froide réserve de la part de Frédérik. Marie, brisée par de mortelles angoisses, s'épuisait à chercher la cause du malheur qui la frappait dans son enfant; elle commençait à craindre que M. Dufour ne se fût trompé, en attribuant à une crise naturelle la perturbation, de plus en plus alarmante, qui se manifestait chez Frédérik, au physique et au moral.

Aussi, madame Bastien venait-elle consulter, à ce sujet, M. Dufour, qu'elle n'avait pas vu depuis assez longtemps, le digne docteur étant retenu à Pont-Brillant par les devoirs et les doux plaisirs d'une amicale hospitalité.

Après avoir tristement contemplé son fils, Marie lui dit presque avec crainte, comme si elle eût redouté de l'irriter :

— Frédérik, puisque tu m'as accompagnée

chez notre ami M. Dufour que je désirais consulter... pour moi... nous pourrions par la même occasion lui parler de toi....

— C'est inutile... ma mère... je ne suis pas malade...

— Mon Dieu... peux-tu dire cela?... Cette nuit encore... n'a été pour toi qu'une longue insomnie, mon pauvre cher enfant... j'ai été plusieurs fois voir si tu dormais... je t'ai toujours trouvé éveillé, agité...

— Toutes les nuits je suis ainsi...

— Hélas !... je le sais... et c'est cela et d'autres choses encore qui m'inquiètent beaucoup...

— Tu as tort de t'inquiéter, ma mère... cela se passera...

— Je t'en supplie, Frédérik, consultons M. Dufour... n'est-ce pas notre meilleur ami?.., dis-lui ce que tu ressens... écoute ses conseils...

— Encore une fois, je n'ai pas besoin de la consultation de M. Dufour, — reprit l'adolescent avec impatience, — je te déclare d'avance que je ne répondrai à aucune de ses questions...

— Mon enfant... écoute-moi...

— Mon Dieu... ma mère, quel plaisir trouvez-vous donc à me tourmenter ainsi? — s'écria-t-il en frappant du pied, — je n'ai rien à dire à M. Dufour... je ne lui dirai rien... vous savez si j'ai du caractère...

La servante du médecin, entrant alors, dit à madame Bastien :

— M. le docteur vous attend dans son cabinet, madame.

Après avoir jeté sur son fils un regard navrant, la jeune mère dévora ses larmes, et suivit la servante du docteur.

Frédérik, seul dans le salon, s'accouda sur la barre de la fenêtre ouverte, qui donnait, nous l'avons dit, sur la promenade de la petite ville; au delà des boulevards qui la bordaient, s'étageaient quelques collines baignées par la Loire, tandis qu'à l'horizon et dominant la forêt dont il était entouré, s'élevait le château de Pont-Brillant, alors à demi voilé par les brumes de l'automne.

Après avoir machinalement erré çà et là, les regards de Frédérik s'arrêtèrent sur le château...

A cette vue l'adolescent tressaillit... ses traits se contractèrent, s'assombrirent encore, et, toujours accoudé sur l'appui de la fenêtre, il resta plongé dans une rêverie profonde.

Telle était la préoccupation du fils de madame Bastien, qu'il ne vit ni n'entendit entrer dans la pièce où il se trouvait, un second personnage qui, un livre à la main, s'assit dans un coin du salon sans paraître non plus remarquer l'adolescent.

Henri David, c'était le nom de ce nouveau venu, était un homme de trente-cinq ans environ, d'une taille svelte et élevée; ses traits, énergiquement accentués, depuis longtemps brunis par l'ardeur du soleil tropical, ne manquaient pas de charme, dû peut-être à leur expression de mélancolie habituelle; son front grand et un peu dégarni, quoique encadré d'une chevelure brune et bouclée, semblait annoncer des habitudes méditatives; ses yeux noirs, vifs, surmontés de sourcils bien arqués, avaient un regard à la fois pensif, doux et pénétrant.

David, au retour d'un long voyage, était venu passer quelques jours chez le docteur Dufour son meilleur ami. Il devait repartir le soir même pour Nantes, où il allait s'embarquer, afin d'entreprendre une nouvelle et lointaine pérégrination.

Frédérik, toujours accoudé à la fenêtre, ne

quittait pas des yeux le château de Pont-Brillant.

Assis dans le salon et continuant sa lecture, Henri David, ayant posé son livre sur son genou, pour réfléchir sans doute, leva la tête, et, pour la première fois, remarqua l'adolescent, qu'il voyait de profil...

Aussitôt il tressaillit... On eût dit qu'un souvenir, à la fois cher et douloureux, déchirait de nouveau son cœur à l'aspect de Frédérik, car deux larmes brillèrent un moment dans le regard attendri de David... Puis, passant sa main sur son front, comme pour chasser d'accablantes pensées, il se prit à contempler l'adolescent avec un indéfinissable intérêt. D'abord frappé de la rare beauté de ses traits, il remarqua bientôt, non sans surprise, leur expression navrante et sombre.

Les yeux de Frédérik s'attachaient si obstinément sur le château, qu'à leur direction, David devina sans peine l'objet qu'ils fixaient incessamment, et se dit :

— Quelles amères pensées éveille donc chez ce pâle et bel adolescent, la vue du château de Pont-Brillant, qu'il ne quitte pas du regard?

Soudain l'attention de David fut distraite par un bruit de fanfares ; ce bruit, d'abord assez éloigné, se rapprocha de plus en plus dans la direction du Mail.

Au bout de quelques instants cette promenade, où se trouvaient déjà un assez grand nombre de curieux, fut à peu près remplie d'une foule impatiente d'admirer le cortége de vénerie, hommage rendu à saint Hubert par le jeune marquis.

L'attente générale ne fut pas déçue, les sons éclatants des trompes devinrent de plus en plus bruyants, et une brillante cavalcade traversa le Mail...

La marche s'ouvrait par quatre piqueurs à cheval, en grande livrée à la *française*, de couleur chamois, à collet et parements cramoisi, galonnée d'argent sur toutes les tailles, tricorne en tête, couteau de chasse au côté; ces gens d'équipage sonnaient tour à tour les fanfares de la SAINT-HUBERT, du cerf *dix cors*, et enfin ce qu'on appelle en langue de vénerie, *la retraite prise* (c'est-à-dire que l'animal que l'on a chassé, a été forcé).

Puis venaient une centaine de grands chiens courants, superbes bâtards anglais, portant au cou, toujours en l'honneur de saint Hubert, de gros nœuds de rubans chamois et cramoisi (couleur de la livrée du maître de l'équipage), rubans quelque peu effilés ou déchirés par les ronces et les broussailles traversées durant la chasse.

Six valets de chiens, à pied, aussi en grande livrée, chaussés de bas de soie et de souliers à boucles d'argent, couteau de chasse en sautoir, suivaient la meute, et, la trompe en main, répétaient, en manière d'écho, les fanfares des piqueurs.

Un fourgon de chasse, conduit en Daumont, venait ensuite, servant de char funèbre à un magnifique cerf *dix cors,* gisant sur un lit de feuillage et dont les énormes andouillers étaient ornés de longs rubans flottants, aussi chamois et cramoisi.

Derrière ce fourgon, s'avançaient les chasseurs, tous à cheval, les uns en redingote écarlate, les autres courtoisement vêtus d'un uniforme de vénerie, pareil à celui du jeune marquis de Pont-Brillant.

Deux calèches attelées chacune de quatre magnifiques chevaux, pleins de sang et d'ardeur, menées en Daumont par de petits postillons en veste de satin chamois, suivaient les chasseurs. Dans l'une de ces voitures se trouvaient la marquise douairière, ainsi que deux jeunes et charmantes femmes, en habit de cheval, portant galamment sur l'épaule gauche une aiguillette de rubans aux couleurs de Pont-Brillant, car elles avaient suivi la chasse jusqu'à l'hallali du cerf.

L'autre calèche, ainsi qu'un phaéton et un élégant char à bancs, étaient occupés par des femmes non *chasseresses* et par plusieurs hommes qui, en raison de leur âge, avaient été simples spectateurs de la chasse.

Enfin, des chevaux de main et de relais, aux couvertures richement armoriées, et conduits par des palefreniers à cheval, terminaient le cortége.

La tenue parfaite de cette vénerie, la race

des chiens et des chevaux, la richesse des livrées, l'excellent goût des attelages, la tournure distinguée des chasseurs, la jolie figure et l'élégance des femmes qui les accompagnaient, eussent été partout très-justement remarqués ; mais pour les *badauds* de la petite ville de Pont-Brillant, ce cortége était un véritable spectacle, une sorte de *marche d'opéra*, où rien ne manquait, ni musique, ni costumes, ni solennel appareil ; aussi dans leur admiration naïve, les plus enthousiastes, ou les plus *politiques* de ces citadins (bon nombre d'entre eux étaient fournisseurs du château), crièrent : *Bravo, monsieur le marquis!* et battirent des mains avec transport.

Malheureusement, cette pompe triomphale fut un moment troublée par un accident qui arriva presque sous les fenêtres de la maison du docteur Dufour.

L'on n'a pas oublié le vénérable cheval de labour qui avait amené madame Bastien dans une modeste voiture, et sur la sagesse duquel on avait cru pouvoir assez compter, pour le laisser, tout attelé, et, les guides sur le cou, rangé au long de la maison du médecin.

Ce digne cheval méritait cette confiance; il l'eût, comme toujours, justifiée, sans la circonstance insolite du cortége de la Saint-Hubert.

Aux premières fanfares, le campagnard se contenta de dresser les oreilles, et resta paisible; mais lorsque le cortége eut commencé de défiler devant lui, le retentissement des trompes, les bravos des spectateurs, les cris des enfants, les aboiements des chiens, la vue de ce grand nombre de chevaux, tout enfin concourut à faire sortir le digne vétéran du labour de son calme et de sa sagesse habituelle; hennissant soudain, comme aux plus beaux jours de sa jeunesse, il éprouva le malencontreux désir de se joindre à la troupe dorée qui traversait le Mail.

En deux ou trois bonds, le *laboureur* joignit en effet la brillante cavalcade, entraînant après soi le vieux cabriolet, et faisant refluer la foule sur son passage.

Une fois au milieu du cortége, le cheval se cabra violemment, et, se tenant un instant sur ses pieds de derrière, il se mit à *jouer*, comme on dit, de *l'épinette* avec ses pieds de devant, s'abandonnant à cette joyeuseté incongrue, justement au-dessus de la calèche où se trouvait la marquise douairière de Pont-Brillant ; celle-ci, épouvantée, se renversa en arrière, en agitant son mouchoir et en poussant des cris aigus, ainsi que ses compagnes.

A ces clameurs, le jeune marquis se retourna, fit faire une volte et un bond énorme à sa monture avec autant de grâce que de hardiesse ; puis, à grands coups de fouet de chasse, il eut bientôt fait sentir au vénérable et trop guilleret *laboureur* l'impertinence de ces familiarités, dure leçon qui fut accueillie par les éclats de rire et par les applaudissements de plusieurs spectateurs charmés de la bonne mine et de l'aisance cavalière de Raoul de Pont-Brillant.

Quant au pauvre vieux cheval, sentant ses

torts, et regrettant sans doute l'indigne abus de confiance dont il venait de se rendre coupable, il revint de lui-même, et tout piteux, reprendre humblement sa place à la porte de la maison du docteur, au milieu des huées du public, pendant que le cortége de la Saint-Hubert finissait de traverser la promenade.

Frédérik Bastien, de la fenêtre où il se trouvait, avait assisté à cette scène...

VIII

Dès l'entrée du cortége sur le Mail, la contenance, la physionomie de Frédérik avaient subi une transformation si étrange, que David, d'abord attiré vers la croisée par le bruit des fanfares, s'était brusquement arrêté, ne songeant plus qu'à contempler avec une surprise croissante cet adolescent dont les traits, malgré leur rare beauté, étaient devenus presque effrayants.

En effet, au sourire amer qui, un instant auparavant, contractait les lèvres de Frédérik, pendant qu'il regardait au loin le château, avait succédé, lors de l'apparition du cortége de la Saint-Hubert, une expression de douloureuse surprise ; mais quand vint à passer au milieu des acclamations d'un grand nombre de spectateurs, Raoul de Pont-Brillant, vêtu de son élégant habit de vénerie, galonné d'argent, et montant avec une grâce parfaite son superbe cheval de chasse noir comme l'ébène, les traits de Frédérik devinrent d'une lividité jaunâtre... tandis que, appuyées sur la barre d'appui de la fenêtre, ses deux mains se crispèrent si violemment, qu'un réseau bleuâtre de veines gonflées apparut sous la blancheur de l'épiderme.

On eût dit qu'un charme fatal, retenant ce malheureux enfant à cette croisée, l'empêchait de fuir un spectacle odieux pour lui.

Aucun de ces sentiments contenus ou violents n'avait échappé à David, qui devait à une longue expérience des hommes et à son esprit observateur, une connaissance profonde de l'âme humaine ; aussi, sentant son cœur se serrer, il se dit, en jetant sur Frédérik un regard de commisération profonde :

— Pauvre enfant... déjà connaître la haine... car... je n'en doute pas... c'est de la haine qu'il éprouve contre cet autre adolescent, qui monte ce beau cheval noir... Cette haine d'où peut-elle naître?

David faisait cette réflexion, lorsque arriva le burlesque incident du vieux cheval de labour, rudement châtié par le jeune marquis, à l'applaudissement des spectateurs.

En voyant battre son cheval, la figure de Frédérik était devenue terrible... ses yeux, dilatés par la colère, s'étaient injectés de sang; enfin, poussant un cri de rage, il se fût dans sa fureur aveugle précipité par la fenêtre, pour courir sur le marquis, s'il n'eût pas été arrêté par David, qui le prit à bras-le-corps.

Cette brusque étreinte, causant à Frédérik une commotion de surprise, le rappela à lui-même; son premier saisissement passé, il dit à David d'une voix tremblante de colère :

— Qui êtes-vous, monsieur?... pourquoi me touchez-vous?

— Vous vous penchiez si imprudemment par cette fenêtre, mon enfant, que vous étiez sur le point de tomber, — répondit doucement David, — j'ai voulu prévenir un malheur...

— Qui vous a dit que c'eût été un malheur? — répondit l'adolescent d'une voix sourde.

Puis il s'éloigna brusquement, se jeta sur un fauteuil, cacha sa tête entre ses mains, et se mit à pleurer en silence.

L'intérêt, la curiosité de David étaient de plus en plus excités... Il contemplait avec une muette et tendre compassion ce pauvre enfant, alors aussi accablé qu'il était naguère violemment surexcité.

Soudain la porte du cabinet du docteur s'ouvrit.

Madame Bastien parut, accompagnée de M. Dufour.

Les premiers mots que Marie, sans remarquer David, prononça en cherchant Frédérik des yeux, furent :

— Où est donc mon fils?

Madame Bastien ne pouvait, en effet, l'apercevoir; le fauteuil où il s'était jeté en pleurant se trouvait caché par la projection du battant de la porte.

A la vue de la touchante et angélique beauté de la jeune femme qui, nous l'avons dit, paraissait avoir vingt ans à peine, et dont les traits offraient une ressemblance extrême avec ceux de Frédérik, David resta un moment frappé de surprise et d'admiration, sentiments auxquels se joignait un intérêt profond, car il apprenait qu'elle était la mère de l'adolescent pour lequel il éprouvait déjà une commisération sincère.

— Mais... où est donc mon fils?... répéta madame Bastien en faisant un pas de plus dans le salon et commençant à regarder autour d'elle avec une sollicitude inquiète.

David, lui adressant alors un signe d'intelligence, l'invita par un geste significatif à regarder derrière la porte, ajoutant à voix basse :

— Pauvre enfant !... il est là...

Il y eut dans l'accent, dans la physionomie de David, lorsqu'il prononça ces seuls mots : *pauvre enfant !...* quelque chose de si doux, de si ému, que, d'abord étonnée à la vue de cet étranger, elle lui dit, comme si elle l'eût connu :

— Mon Dieu ! qu'y a-t-il ? Est-ce qu'il lui est arrivé quelque chose ?

— Il ne m'est rien arrivé, ma mère... — reprit soudain l'adolescent qui, pour essuyer et cacher ses larmes, avait profité du moment pendant lequel il n'était pas vu de madame Bastien.

Puis, saluant d'un air sombre et distrait le docteur Dufour, qu'il traitait jadis avec une si affectueuse cordialité, Frédérik, s'approchant de Marie, lui dit :

— Viens-tu, ma mère?...

— Frédérik..... — s'écria-t-elle en prenant les deux mains de son fils et le couvrant pour ainsi dire des yeux avec angoisse, — tu as pleuré.

— Non... non... — dit-il en frappant impatiemment du pied et dégageant ses mains de celles de sa mère. — Viens... partons.

— N'est-ce pas, monsieur, qu'il a pleuré? — s'écria-t-elle en interrogeant David d'un regard alarmé.

— Eh bien, oui, j'ai pleuré, — répondit Frédérik avec un sourire sardonique, — j'ai pleuré de reconnaissance, car monsieur... (et il montra David) m'a empêché de tomber par la fenêtre... Maintenant, ma mère... tu sais tout... viens... sortons...

Et Frédérik se dirigea brusquement vers la porte.

Le docteur Dufour, non moins surpris et affligé que madame Bastien, dit à David :

—Mon ami... qu'est-ce que cela signifie?

— Monsieur, — ajouta Marie en s'adressant à l'ami du docteur, confuse..... désolée de la mauvaise opinion que cet étranger devait concevoir de Frédérik, — je ne sais pas ce que veut dire mon fils... j'ignore ce qui est arrivé... mais je vous en supplie... monsieur, excusez-le...

— Rassurez-vous, madame... c'est moi qui ai besoin d'être excusé, — répondit David avec un sourire bienveillant. Tout à l'heure, en faisant observer à M. votre fils..... qu'il se penchait imprudemment à cette fenêtre... j'ai eu le tort de le traiter un peu en écolier.. Que voulez-vous... madame? ce cher enfant est tout fier de ses seize ans... et il a raison... car, à cet âge, — reprit David avec une gravité douce, — l'on est déjà presque un homme et l'on comprend mieux encore tout le charme... tout le bonheur de l'affection maternelle.

— Monsieur, — s'écria impétueusement Frédérik, les narines dilatées par la colère, tandis que son pâle visage se couvrait d'une vive rougeur, — je n'ai pas besoin de leçons...

Et il sortit rapidement.

— Frédérik ! — dit vivement Marie à son fils d'un ton de reproche, au moment où il quittait le salon ; puis tournant vers David sa figure angélique où brillaient, humides de larmes, ses grands et doux yeux bleus, elle reprit avec une grâce touchante :

— Ah !... monsieur... encore pardon, — vos bienveillantes paroles de tout à l'heure me font espérer que vous comprendrez mes regrets... qu'ils me méritent du moins votre indulgence pour ce malheureux enfant.

— Il souffre... il faut le plaindre et le calmer, — répondit David d'une voix attendrie; — tout à l'heure, j'ai été frappé de la pâleur de ses traits... de leur contraction douloureuse... Mais, tenez... madame, il est sorti du salon; ne le quittez pas...

— Venez, madame... venez vite, — dit le docteur Dufour en offrant son bras à madame Bastien.

Celle-ci, partagée entre la surprise que lui causait la bienveillance de l'étranger, et les inquiétudes dont elle était assaillie, suivit précipitamment le docteur afin de rejoindre Frédérik.

Resté seul, David s'approcha de la fenêtre.

Au moment où il s'y penchait, il vit madame Bastien, après avoir porté son mouchoir à ses yeux, s'appuyer sur le bras du docteur Dufour, et monter dans le modeste cabriolet où Frédérik l'avait précédée, au milieu des rires et des quolibets d'un assez grand rassemblement d'oisifs, restés sur le Mail après le passage du cortége de la Saint-Hubert et naguère témoins de la mésaventure du *laboureur*.

— Cette vieille rosse n'oubliera pas la bonne leçon que lui a donnée le jeune M. le marquis, — disait l'un.

— Était-il farce, ce gros poussif, avec son cabas de cabriolet au dos, quand il est venu au milieu des superbes voitures de M. le marquis ! — ajoutait un autre.

— Ah ! ah ! — reprenait un troisième, — ce *dada*-là se souviendra de la Saint-Hubert.

— Oh ! moi aussi, je m'en souviendrai !!! murmura Frédérik d'une voix tremblante de rage.

Ce fut à ce moment que madame Bastien, avec l'aide du docteur, remonta dans le cabriolet.

Alors, Frédérik, exaspéré par les railleries grossières qu'il venait d'entendre, fouetta d'une main furieuse le vieux cheval, qui partit au galop à travers le rassemblement.

En vain, madame Bastien supplia son fils de modérer l'allure du cheval, plusieurs personnes faillirent être écrasées; un enfant ne se rangeant pas assez vite, reçut de Frédérik un violent coup de fouet; mais bientôt, tournant rapidement à l'extrémité du Mail, le cabriolet disparut au milieu des clameurs irritées de la foule qui le poursuivit de ses huées menaçantes.

IX

Après avoir accompagné Marie Bastien jusqu'à sa voiture, le docteur Dufour remonta chez lui et trouva son ami toujours accoudé sur la barre de la fenêtre, où il demeurait pensif.

Au bruit de la porte qui se referma, David, sortant de sa rêverie, vint au-devant du médecin, qui lui dit tristement, en parlant de madame Bastien, et faisant allusion à la scène dont tous deux venaient d'être témoins :

— Ah ! pauvre femme... pauvre mère !.....

— Tu as raison... Pierre... — reprit David, — cette jeune femme me semble bien à plaindre...

— Oui... et plus à plaindre... encore que tu ne le penses, car elle ne vit au monde que pour son fils... Juge ce qu'elle doit souffrir.

— Son fils ?... l'on dirait son frère ! elle paraît avoir vingt ans à peine.

— Ah ! mon cher Henri, les habitudes d'une vie agreste et solitaire, l'absence d'émotions vives (car les inquiétudes que lui cause son fils datent seulement de quelques mois), le calme d'une existence aussi régulière que celle du cloître... conservent longtemps dans toute sa fraîcheur, cette première fleur de jeunesse qui te frappe chez madame Bastien.

— Elle s'est donc mariée bien jeune?

— A quinze ans...

— Mon Dieu! qu'elle est belle! — reprit David après un moment de silence, — mais belle surtout de cette beauté, à la fois virginale et maternelle, qui donne aux *vierges-mères* de Raphaël un caractère si divin.

— *Vierge-mère?...* tu ne crois pas si bien dire, Henri...

— Comment?

— En deux mots, voici l'histoire de madame Bastien, elle t'intéressera... et tu emporteras... du moins un touchant souvenir de cette charmante femme.

— Tu as raison, mon ami... ce me sera dans mon voyage un doux sujet de méditation.

— *Marie Fierval*, — reprit le docteur, — était fille unique d'un assez riche banquier d'Angers; plusieurs opérations malheureuses le mirent dans une position de fortune très-précaire; il était alors en relations d'affaires avec un homme nommé *Jacques Bastien*, qui se livrait à une spéculation assez commune dans nos pays : il était *marchand de terres*.

— Marchand de terres?

— Il achetait dans certaines localités des lots de terre considérables, et les revendait ensuite en les fractionnant, afin de les rendre accessibles aux très-petits cultivateurs.

— Je comprends.....

— Jacques Bastien est, comme moi, natif de cette petite ville; son père avait amassé une belle fortune dans son étude de notaire; Jacques était son premier clerc. A la mort de son père, Bastien se livra aux spéculations dont je te parle. Lors de la gêne de M. Fierval, chez qui il avait quelques fonds placés, il put, en lui laissant disposer de ces capitaux, lui rendre un grand service; Marie avait alors quinze ans, elle était belle... comme tu l'as vue, et élevée.... ainsi que peut l'être la fille d'un avaricieux de province, c'est-à-dire, habituée à se regarder comme la première servante de la maison... et à en accomplir à peu près tous les grossiers emplois.

— Ce que tu me dis là me surprend beaucoup, Pierre! Rien de plus facile que de juger en un instant de la distinction des manières d'une femme.... Et chez madame Bastien....

— Il n'y a rien, n'est-ce pas, qui sente une éducation presque grossière?

— Non... et bien plus, il est impossible de s'exprimer d'une façon plus touchante et plus digne, que ne l'a fait cette jeune femme dans la position presque pénible où elle s'est trouvée tout à l'heure... vis-à-vis de moi...

— C'est vrai... et je m'en étonnerais comme toi... si je n'avais été témoin de bien d'autres métamorphoses chez madame Bastien... Elle fit donc, étant toute jeune fille, une assez vive impression sur notre marchand de terres, pour qu'un jour il me dît : « J'ai envie de faire une « grosse bêtise... celle d'épouser une très-jolie « fille ; seulement, ce qui pallie un peu ma bêtise, « c'est que cette très-jolie fille est sotte comme « un panier, mais ménagère de premier nu- « méro. Elle va au marché avec la cuisinière « de son père ; elle fait les confitures dans la « perfection, et n'a pas sa pareille pour repri- « ser le linge et les bas. » Six semaines après, Marie, malgré sa répugnance, malgré ses prières, ses larmes, subissait l'inexorable volonté de son père... et devenait madame Bastien.

— Et monsieur Bastien savait la répugnance qu'il inspirait?

— Parfaitement; cette répugnance n'était d'ailleurs que trop justifiée, car Bastien, qui a maintenant quarante-deux ans, était et est encore au moins aussi laid que moi; mais il a, ce que je n'ai pas, une constitution de taureau : c'est de ces gens formidables qui n'ont pas de cheveux mais une crinière, non une poitrine mais un poitrail... Figure-toi l'*Hercule Farnèse*, avec beaucoup d'embonpoint, car Bastien est un mangeur féroce; joins à cela une incurie de sa personne qui va jusqu'à la malpropreté. Voilà pour le physique. Quant au moral, c'est un gaillard, retors et madré comme un homme de loi de province; il est possédé d'une idée fixe, incessante... faire une grosse fortune et devenir député, lorsqu'il ne sera plus, dit-il, bon à rien... qu'à cela... Sortez-le de ses spéculations, il est ignare, brutal, fier de l'argent qu'il amasse, et ne tarit pas en plaisanteries grossières, car s'il n'est pas précisément bête, il est prodigieusement sot... très-enclin à l'avarice... il se croit fort libéral envers sa femme, en lui donnant une servante, un jardinier *maître Jacques*, et un cheval de labour hors de service pour la conduire à la ville. La grande et seule qualité de Bastien est d'être, les trois quarts du temps, en route et hors de chez lui pour ses achats de terres. Lorsqu'il revient dans sa demeure, ferme qu'il a été obligé de conserver ensuite d'une opération malheureuse, il s'occupe de ce *faire-valoir*, sort dès l'aube pour surveiller ses cultures, déjeune aux champs, revient à la nuit, soupe largement, boit comme un chantre, et souvent s'endort ivre sur la nappe.

— Tu as raison, Pierre, — reprit tristement David, — cette pauvre femme est plus malheureuse que je ne le croyais... Quel mari pour une si charmante créature! Mais ces gens qui, ainsi que M. Bastien, n'ont à peu près que les appétits de la brute, joints à l'instinct de la rapacité, ont au moins parfois l'amour excessif de la *femelle* et de leurs *petits*... M. Bastien... aime-t-il du moins sa femme et son fils?

— Quant à sa femme... je t'ai dit que ta comparaison de *vierge-mère*... était, à ton insu, d'une singulière justesse... Voici pourquoi..... Le surlendemain de son mariage, Bastien, qui m'a toujours poursuivi de sa confiance, me dit, de son air de bœuf surpris et courroucé : — « Ah çà! tu ne sais pas que si j'écoutais ma bégueule de femme, je resterais maintenant toute ma vie *mari garçon*. » — Et il paraît qu'en définitive... il en a été ainsi... car, faisant allusion à sa première et unique nuit de noce, Bastien m'a souvent dit d'un air profond: — « C'est bien heureux que j'aie eu un enfant cette nuit-là; sans cela je n'en aurais jamais eu. » — Puis, dans sa colère de se voir rebuté, il a voulu punir la pauvre Marie de l'invincible répugnance qu'il lui inspirait, et dont il n'avait pu triompher, après avoir tout tenté... tout, entends-tu bien, Henri? tout... jusqu'à la brutalité... jusqu'à la violence... jusqu'aux coups... car, une fois ivre, cet homme ne se connaît plus...

— Ah!... c'est infâme...

— Oui... et il répondait à l'indignation de mes reproches : « Tiens... c'est ma femme, j'ai « mon droit... et la loi pour moi ; je ne me suis « pas marié pour rester garçon... ce n'est pas « une *gringalette* comme ça qui me fera cé- « der. » Et pourtant ce taureau sauvage a cédé, parce que la force brutale ne peut rien contre le dégoût et l'aversion qu'une femme éprouve... surtout lorsque cette femme est douée comme Marie Bastien d'une incroyable énergie de volonté...

— Au moins elle a su courageusement échapper à l'une des plus flétrissantes, des plus atroces humiliations que puisse imposer un pareil mariage, et cet homme, dis-tu, s'est vengé de l'inexorable aversion qu'il inspirait ?

— Voici comment. Il avait d'abord eu l'intention de s'établir à Blois; la résistance de sa femme changea ses projets. « — Ah! c'est « comme cela! — me dit-il, — eh bien! elle « me le paiera!... J'ai une ferme délabrée près « de Pont-Brillant. Cette sotte bégueule n'en « sortira pas; elle y vivra toute seule... avec « cent francs par mois... » Et il en a été ainsi... Remplie de courage, de résignation, Marie a accepté cette existence pauvre et solitaire... que Bastien lui rendit aussi pénible que possible, jusqu'au moment où il apprit la grossesse de sa femme; alors ce brutal s'est un peu radouci... Il a toujours laissé Marie à la ferme... mais il lui a permis d'y faire quelques changements bien peu coûteux qui cependant, grâce au goût naturel de madame Bastien, ont transformé en un riant séjour l'habitation la plus désagréable du pays; puis peu à peu la dou-

cœur angélique, les rares qualités de cette charmante femme, ont eu quelque influence sur Bastien : quoique toujours grossier, il a fini par être moins brutal et par prendre son parti de sa vie de *mari-garçon*. « Mon ami, me disait-
« il dernièrement, je suis né coiffé, ma femme
« vit, et je n'en suis pas fâché ; elle est douce, pa-
« tiente, économe, car, excepté pour la dépense
« de la maison et son entretien, je ne lui donne
« pas un sou, et elle s'en contente ; elle ne met
« pas le nez hors de la ferme, et ne s'occupe
« que de son fils ; après cela, ma femme mour-
« rait que je n'en serais pas non plus fâché...
« car, tu conçois? être mari-garçon, ça vous
« force d'avoir des *allures* et ça coûte, sans pro-
« fit pour le ménage... Ainsi, que ma femme
« vive ou qu'elle meure, je n'aurai pas à me

« plaindre... c'est ce qui me faisait te dire que
« j'étais né coiffé. »

— Et son fils? — demanda David de plus en plus intéressé, — l'aime-t-il?

— Bastien est un de ces pères qui ne conçoivent la paternité que toujours rébarbative, colère et grondeuse... Aussi, dans ses rares séjours à la ferme, et quoiqu'il s'occupe beaucoup plus de *l'élève* de son bétail que de son fils... il trouve toujours le moyen de se courroucer contre cet enfant. Qu'est-il arrivé? c'est que Bastien ne compte pour ainsi dire pas du tout dans la vie de sa femme et de son fils... Et, à propos de l'éducation de ce Frédérik, il faut que je te cite une autre de ces métamorphoses admirables que l'amour maternel a opérées chez madame Bastien.

— Tu ne saurais croire... Pierre, — dit David avec une curiosité croissante, — tu ne saurais croire combien tout ceci m'intéresse.

— Et que diras-tu tout à l'heure? — reprit le docteur.

Et il poursuivit ainsi :

— Jeune fille de quinze ans... et élevée comme je te l'ai raconté, Marie Bastien n'avait reçu qu'une éducation incomplète, et même grossière; tranchons le mot : la pauvre enfant, à l'époque de son mariage, était d'une ignorance complète... d'une intelligence non pas bornée... mais que rien jusqu'alors n'avait ouverte.... Lorsqu'elle se sentit mère, une merveilleuse révolution s'opéra en elle... Devinant la grandeur des devoirs que lui imposait cette maternité, désormais sa seule espérance de bonheur, Marie désolée de son ignorance, se donna pour tâche d'apprendre en quatre ou cinq ans tout ce qui lui serait nécessaire pour entreprendre elle-même l'éducation de son enfant, qu'elle ne voulait confier à personne.

— C'est admirable... de courage et de dévouement maternel, — s'écria David. — Et cette résolution ?...

— Cette résolution fut vaillamment accomplie, malgré mille obstacles; ainsi à quinze ans et demi qu'elle avait, Marie Bastien, pour s'instruire, sentit la nécessité de prendre elle-même une institutrice ; aux premiers mots de ce projet, Bastien la traita de folle; loin de se rebuter, elle insista, et finit même par trouver d'excellentes raisons à lui donner, entre autres celle de l'économie, disant que pour deux mille francs par an, elle aurait une institutrice qui lui enseignerait en peu d'années tout ce qui serait nécessaire à l'éducation d'une fille ou à l'éducation d'un garçon, jusqu'à l'âge de treize à quatorze ans; sinon, comme elle était décidée, disait-elle, à ne pas se séparer de son enfant, il faudrait faire venir à la ferme des professeurs de Pont-Brillant, ou même de Blois, ce qui rendrait l'éducation fort coûteuse. Bastien, après calcul et balance des frais, trouva que sa femme avait raison, et se rendit à ses désirs. Heureusement, Marie trouva dans une jeune institutrice anglaise un trésor de savoir, d'intelligence et de cœur. Miss Hariett (c'était son nom), digne en tout d'apprécier ce rare exemple de dévouement maternel, se voua donc, corps et âme, à la mission qu'elle acceptait auprès de madame Bastien.

— Non... — dit David ému jusqu'aux larmes par le récit du docteur, — non, je ne sais rien de plus touchant que cette jeune mère de quinze ans, jalouse de donner elle-même à son enfant la vie de l'intelligence, se livrant ainsi opiniâtrément à l'étude.

— Que te dirai-je, mon ami? — poursuivit le docteur. — Admirablement servie par ses facultés naturelles, qui se développèrent rapidement après quatre ans de travaux, qu'elle poursuivit ensuite toute seule, en s'occupant constamment de son enfant, la jeune mère acquit des connaissances solides en littérature, en histoire, en géographie, devint assez bonne musicienne pour pouvoir enseigner la musique à son fils... connut assez la langue anglaise pour le familiariser avec cet idiome, et sut enfin ce qu'il fallait de dessin pour mettre Frédérik à même de dessiner d'après nature; il profita merveilleusement de ses leçons; car il est peu d'enfants de son âge qui aient un savoir plus solide, plus varié... Aussi, par son esprit, par son cœur, par son caractère, faisait-il l'orgueil et la joie de sa mère, lorsque soudain un changement étrange s'est manifesté chez lui...

L'entretien du docteur et de son ami fut interrompu par la vieille servante qui, s'adressant à son maître, lui dit :

— Monsieur, l'on vient vous avertir que la

diligence pour Nantes doit passer à six heures, et l'on vient chercher les bagages de M. David.

— Bien... faites-les porter, je vous prie, — répondit Henri David à la servante, — et veuillez dire que l'on me fasse prévenir lorsque la voiture s'arrêtera pour relayer.

— Oui, monsieur David, — reprit la servante.

Et elle ajouta avec une expression de naïf regret :

— C'est donc bien vrai, que vous nous quittez, mon bon monsieur David ?

Puis, se tournant vers le docteur :

— Et vous, monsieur le docteur, vous laissez donc partir votre ami?

— Tu l'entends? — dit M. Dufour, en souriant tristement, — je ne suis pas seul à me chagriner de ton départ.

— Croyez-moi, Honorine, — dit affectueusement David à la vieille servante, — quand on quitte un ami tel que Pierre, et une hospitalité que vos soins ont rendue si bonne, c'est que l'on obéit à une impérieuse nécessité.

— A la bonne heure, monsieur David, — dit la servante, en s'éloignant, — mais c'est bien triste tout de même, on s'habitue si vite aux braves gens comme vous!

X

Après le départ de la servante, David, encore sous l'impression de l'attendrissement que lui causaient les confidences de son ami au sujet de Marie Bastien, garda le silence pendant quelques instants.

Le docteur Dufour était, de son côté, redevenu triste et pensif.

La venue de sa servante lui avait rappelé que, pour des années peut-être, il allait être séparé de son meilleur ami.

David reprit le premier la parole.

— Pierre, tu avais raison... j'emporterai un délicieux souvenir de cette charmante madame Bastien. Bien souvent, ce que tu viens de m'apprendre sera pour moi le sujet de douces rêveries, auxquelles tu seras joint dans ma pensée, car je te devrai une des plus pures jouissances que j'aie goûtées depuis longtemps... Il est si bon de reposer son esprit, de se distraire de peines cruelles par la pensée de l'idéal... car c'est une créature presque idéale que madame Bastien...

— Henri... je te comprends... et pardonne-moi de ne pas y avoir songé plus tôt, — reprit le docteur en remarquant l'émotion de son ami; — la vue de cet enfant de seize ans... a dû te rappeler...

Et comme le docteur hésitait à continuer, David reprit avec accablement :

— Oui... la vue de cet enfant m'a rappelé... celui que je ne peux oublier, mon pauvre Fernand! Il était de l'âge de Frédérik! Aussi, ce bel enfant... m'a tout de suite inspiré un intérêt profond... et cet intérêt s'augmente de toute l'admiration que je ressens pour cette jeune mère si vaillante, si dévouée!... Va, mon ami, ce souvenir me sera bon et salutaire... Oui, crois-moi, au milieu de cette vie aventureuse que je vais recommencer, bien souvent, après une rude journée de marche dans le désert, je fermerai les yeux et j'évoquerai la suave apparition de cette charmante femme et de son fils. Ces pensées me reporteront en même temps vers toi, mon bon Pierre, mon évocation sera complète... son cadre sera ce petit salon où nous avons passé de si longues soirées, dans les épanchements de notre vieille amitié.

— Et moi aussi, Henri, ce me sera une consolation, en te voyant partir, de te savoir un bon souvenir de plus, et de penser que, comme moi, tu t'intéresses maintenant à la plus noble femme que j'aie connue et aimée... Dieu veuille seulement qu'elle ne soit pas fatalement frappée... dans son fils, car tu comprends maintenant, son fils, c'est sa vie...

— Mais comment se fait-il qu'élevée par elle, et malgré les antécédents que tu m'as racontés de lui, il donne maintenant à sa mère de graves inquiétudes ? Et ces inquiétudes, quelles sont-elles ?

— Frédérik, que tu viens de voir pâle, amaigri, sombre, impatient et brusque, était, il y a peu de mois, plein de santé, de fraîcheur et de gaieté ; alors, rien de plus charmant, de plus affectueux que ses manières ; rien de plus généreux que son caractère... Je pourrais te citer de lui des traits qui te feraient battre le cœur.

— Pauvre enfant !... — reprit David, avec une expression de tendre compassion. — Je te crois, Pierre. Combien il y avait de douleur, d'amertume sur son beau visage, pâle et contracté ! Non, non, il n'est pas méchant ;... il souffre de quelque mal inconnu, — ajouta David, pensif. — Cela est étrange... en si peu de temps méconnaissable à ce point !

— Que te dirai-je, — reprit le docteur, — tout a été attaqué à la fois.... le cœur et l'intelligence. Naguères rempli de zèle et d'ardeur, l'étude était un plaisir pour Frédérik ; son imagination était brillante, ses facultés précoces. Tout a tellement changé, qu'il y a un mois, sa mère, désolée de l'incurable apathie d'esprit où il restait plongé, et espérant que peut-être de nouveaux travaux aiguillonneraient sa curiosité, s'est décidée à prendre un précepteur. Il devait donner à Frédérik les notions de quelques sciences à la fois curieuses, instructives et toutes nouvelles pour lui...

— Eh bien !

— Au bout de huit jours, le précepteur, rebuté par le mauvais vouloir, la rudesse et la violence de Frédérik, a quitté la maison.

— Et ce changement, à quoi l'attribuer ?

— Je crois encore, comme il y a quelques mois, que la sombre mélancolie de Frédérik, sa taciturnité, son dépérissement, son découragement, son dégoût de toutes choses, ses brusqueries, ont pour cause l'âge de puberté... Il y a mille exemples de pareilles crises chez les adolescents lors de leur avénement à la virilité... C'est aussi à cet âge que généralement les traits saillants, arrêtés, du caractère, se dessinent nettement, que *l'homme* enfin, succédant à l'adolescent, commence à se montrer tel qu'il doit être un jour ; cette seconde éclosion cause presque toujours de graves perturbations dans tout le système. Il est donc probable que Frédérik se trouve maintenant sous l'influence de ce phénomène.

— Mais cette explication si vraisemblable a dû rassurer madame Bastien?

— Ah! mon pauvre Pierre, on ne rassure jamais complétement une mère... surtout une mère comme celle-là. Pendant quelque temps... les raisons que je lui ai données ont calmé ses craintes... mais le mal s'accroît, et elle s'alarme de nouveau... Tu ne peux t'imaginer avec quelle éloquence de l'âme... tout à l'heure encore, elle m'exprimait ses angoisses, avec quelle douloureuse amertume elle s'accusait elle-même en s'écriant : « Je suis sa mère, et « je ne devine pas ce qu'il a... Je manque « donc de pénétration et d'instinct maternel ! « Je suis sa mère... et il ne me confie pas la « cause du chagrin qui le dévore ! Ah ! c'est « ma faute... c'est ma faute !... je n'ai pas été « véritablement bonne mère... Une mère a « toujours tort... lorsqu'elle ne sait pas s'atti- « rer la confiance de son fils ! »

— Pauvre femme, — reprit David, — elle se calomnie.... au moment même où son instinct de mère... la sert à son insu.

— Que veux-tu dire ?

— Certainement, son instinct l'avertit que,

si plausible que soit l'explication que tu lui donnes de l'état de son fils... cependant... tu te trompes ! car, malgré sa confiance en toi... malgré le besoin qu'elle a d'être rassurée, tes paroles n'ont pas calmé ses craintes...

Et après être resté quelques moments pensif, David dit à son ami :

— Ce grand château que l'on voit là-bas... à l'horizon, n'est-il pas le château de Pont-Brillant?

A cette question, qui semblait n'avoir aucun rapport à l'entretien, le docteur regarda David d'un air surpris et répondit :

— Oui, c'est le château de Pont-Brillant. Son propriétaire actuel, le jeune marquis, était parmi les chasseurs qui ont passé tout à l'heure. C'est à lui ce bel équipage de chasse, mais quel... rapport?...

— Dis-moi... le fils de madame Bastien est-il reçu dans la famille de Pont-Brillant?

— Jamais... cette famille est très-fière, ils ne voient que la noblesse du pays, et encore une noblesse très-choisie...

— Et Frédérik connaît-il le jeune marquis?

— S'il le connaît, c'est tout au plus de vue... car, je le répète, le jeune marquis est trop hautain pour frayer avec le fils d'un petit bourgeois.

— Cette famille est-elle aimée? — reprit David, de plus en plus réfléchi.

— Les Pont-Brillant sont immensément riches; presque toutes les terres leur appartiennent à six ou sept lieues à la ronde... Ils possèdent une grande partie des maisons de cette petite ville... où ils ont aussi tous leurs fournisseurs. Tu conçois qu'à défaut d'affection, l'intérêt d'un nombre considérable de personnes dépendantes de cette puissante famille, commande du moins un semblant de respect et d'attachement; aussi, parmi les bravos, les vivats, que tu as peut-être entendus tout à l'heure sur le passage du marquis et de sa grand'mère, bien peu, je crois, étaient désintéressés; du reste, il y a bon an, mal an, une somme fixe pour les pauvres, donnée par la famille. Le maire et le curé sont chargés de la distribution de cette aumône ; mais le jeune marquis ne s'en mêle pas plus que sa grand'mère, dont la philosophie eût, dit-on, fait pâlir celle du baron d'Holbach. Figure-toi une grande dame de la Régence, avec l'athéisme railleur et la parole cynique de cette époque ; mais, encore une fois, mon ami, pourquoi ces questions au sujet du château et de la famille de Pont-Brillant ?

— Parce que tout à l'heure, seul avec Frédérik, j'ai cru m'apercevoir qu'il éprouve une haine profonde contre ce jeune marquis.

— Frédérik ! s'écria le docteur avec autant de surprise que d'incrédulité, — c'est impossible... Encore une fois, je suis certain que de sa vie il n'a parlé à M. de Pont-Brillant. Allons donc... de la haine... contre ce jeune homme? et pourquoi? quelle en serait la cause?

— Je l'ignore... mais je suis certain de ce que j'ai vu.

— Et qu'as-tu vu?

— Le cheval qui avait conduit ici Frédérik et sa mère, s'étant détaché sans doute, s'est approché du cortége, le jeune marquis l'a fouaillé, et à ce moment, si je ne l'avais retenu, Frédérik, livide de rage, s'élançait par la fenêtre, après avoir montré le poing à M. de Pont-Brillant.

— Et pour ne pas effrayer madame Bastien, tu nous as dit....

— Que Frédérik s'était imprudemment penché à la fenêtre... Encore une fois, Pierre... je te le répète, je n'ai pas perdu un geste, un regard, une nuance de la physionomie de ce malheureux enfant... C'est de la haine, te dis-je... qu'il ressent contre cet autre adolescent.

Un moment ébranlé par la conviction de David, le docteur reprit :

— Qu'en cette circonstance Frédérik ait cédé à la violence de caractère qui semble se développer en lui... soit; mais pense, mon ami, que ce changement qui effraye et désole sa mère, date déjà de quelques mois. La scène de tantôt a pu un moment courroucer Frédérik, mais une haine assez puissante pour réagir si visiblement sur le physique et sur le moral, doit avoir une cause terrible... et déjà ancienne; or, je te le répète, le fils de madame Bastien et Raoul de Pont-Brillant ne se sont jamais parlé, ils vivent dans des sphères absolument séparées, il n'y a entre eux aucun contact possible. D'où serait née la haine qui diviserait ces jeunes gens?

— Il est vrai... ton raisonnement est juste... je dois m'y rendre... — répondit David en réfléchissant, — et pourtant je ne sais quoi me dit que Frédérik subit l'influence d'une crise toute morale.

— Oh! quant à cela... je suis loin de regarder comme absolue l'explication que j'ai donnée à madame Bastien, dans l'espoir de la rassurer; je dis comme toi : Frédérik est peut-être sous l'influence d'une crise morale... Cette crise, quelle est-elle? hélas! il sera bien difficile de la découvrir si la pénétration d'une mère a échoué... dans cette recherche... J'ai d'ailleurs engagé madame Bastien à tâcher de donner à son fils le plus de distractions possibles, et au besoin à le faire voyager pendant quelques mois... Peut-être le mouvement, le changement de lieux, auraient-ils sur lui une réaction salutaire...

— Tiens, maintenant, Pierre, — reprit tristement David, après un moment de silence, — je suis presque aux regrets d'avoir rencontré chez toi cette charmante femme... par cela même qu'elle et son fils m'inspirent un intérêt croissant.

— Que veux-tu dire?

— Franchement, mon ami, quoi de plus triste que d'éprouver une commisération aussi profonde que vaine?... Qu'y a-t-il de plus digne de sympathie et de vénération que cette jeune femme si atrocement mariée, et pourtant vivant longtemps heureuse dans une complète solitude, avec cet enfant, beau, sensible, intelligent comme elle! Et voilà que tout à coup cette double existence est attaquée d'un mal mystérieux... ce pauvre enfant s'étiole... sa mère voit avec une douleur croissante les progrès du mal inconnu dont elle s'épuise en vain à chercher la cause. Ah!... de cette douleur... je devine toutes les angoisses... car, moi aussi, j'ai aimé mon pauvre Fernand avec idolâtrie, — ajouta David en contenant à peine ses larmes, — et ne pouvoir que plaindre cette double infortune, continuer son chemin en se demandant ce que deviendra cet enfant de seize ans dont l'avenir paraît si sombre! Oh! cette impuissance forcée... fatale... devant le mal qu'on déplore, a toujours été un tourment... presque un remords pour moi!

— Oui... cela est vrai, — reprit le docteur en prenant les mains de son ami avec émotion. Combien de fois ne m'as-tu pas écrit que la seule amertume de tes longs et pénibles voyages, entrepris dans un si noble but... était cette nécessité de constater froidement les faits les plus affreux, les coutumes les plus barbares, les lois les plus monstrueuses, et de reconnaître en même temps que, durant des années, des siècles peut-être, tant de maux devaient poursuivre paisiblement leur cours!... Oui, oui, je comprends ce que causent à des âmes comme la tienne, David... la vue du mal et l'impossibilité de le soulager.

Cinq heures trois quarts sonnèrent à l'horloge de Pont-Brillant.

— Mon pauvre ami! nous n'avons plus que quelques minutes, — dit David en sortant de la rêverie où il était plongé, — et il tendit la main au docteur.

Celui-ci ne répondit pas d'abord.

Deux larmes coulèrent lentement de ses yeux, et lorsque son émotion lui permit de parler :

— Hélas! mon pauvre Henri, je devrais

être familiarisé avec la pensée de ton départ...
et, tu le vois... le courage me manque...

— Allons, Pierre... avant deux ans... je te reverrai; ce voyage sera probablement le dernier que j'entreprendrai... et alors tu sais mes projets... je reviendrai m'établir auprès de toi...

Le docteur secoua mélancoliquement la tête.

— Je n'espère pas un pareil bonheur... je sais ce que tu cherches à oublier, au milieu de cette vie d'aventures, de périls, au-devant desquels tu te jettes avec une audace désespérée... car tes voyages, à toi, sont aussi chanceux que des batailles... Quels dangers n'as-tu pas déjà courus! et voici qu'à cette heure, tu pars pour l'une des plus dangereuses excursions qu'un voyageur puisse tenter, une exploration dans l'intérieur de l'Afrique... et tu ne veux pas que je m'alarme!

— Aie confiance en mon étoile, mon bon Pierre, tu sais le proverbe : *Il est des malheureux dont la mort ne veut pas,* — reprit David avec une résignation amère. — Que cela du moins te rassure... Va, crois-moi... nous nous reverrons... ici... dans ce petit salon.

— Monsieur... Monsieur.., la diligence de Nantes est en train de relayer, — dit la vieille servante en entrant précipitamment, — il n'y a pas un moment à perdre... venez... venez...

— Allons! adieu, Pierre, — reprit David en serrant son ami dans ses bras. — Écris-moi à Nantes un dernier mot, et n'oublie pas de me donner des nouvelles de madame Bastien et de son fils... Si je savais cette charmante femme moins inquiète, il me semble que cela serait d'un bon augure pour mon voyage... Allons, encore adieu, et à revoir, mon bon Pierre.

— A revoir ! que Dieu t'entende ! — dit le docteur Dufour en embrassant une dernière fois son ami.

— Maintenant, Pierre, conduis-moi jusqu'à la diligence, je veux te serrer la main en montant en voiture.

. . . .

Quelques instants après, Henri David partait pour Nantes, où il devait rejoindre le brick *l'Endymion*, frété pour Gorée.

XI

Une dernière goutte fait déborder la coupe,
— dit le proverbe.

Ainsi la scène qui s'était passée le jour de la Saint-Hubert, sur le Mail de Pont-Brillant, fit déborder le fiel dont le cœur de Frédérik était gonflé.

Dans le châtiment infligé à son cheval par le jeune marquis, Frédérik vit une insulte, disons mieux, un prétexte qui lui permettait de manifester directement sa haine à Raoul de Pont-Brillant, dans l'espoir de tirer de lui-même une vengeance sauvage.

De retour à la ferme avec sa mère, et après une nuit passée dans de sombres réflexions, le fils de madame Bastien écrivit dès le matin ce billet :

« Si vous n'êtes pas un lâche, vous vous
« trouverez demain à la roche du *Grand-Sire*,
« avec votre fusil chargé à balles ; j'aurai le
« mien. Venez seul... je serai seul...

« Je vous hais, vous saurez mon nom, lors-

« que je vous aurai dit en face la cause de ma
« haine.

« La roche du Grand-Sire est un endroit
« désert de votre forêt de Pont-Brillant : je
« vous y attendrai demain toute la matinée,
« tout le jour, s'il le faut ; vous n'aurez pas
« ainsi de raisons pour manquer à ce rendez-
« vous. »

Cette provocation presque insensée ne s'expliquait que par l'effervescence de la haine et de l'âge de Frédérik, ainsi que par sa complète inexpérience des choses de la vie, et l'isolement où il avait jusqu'alors vécu.

Ce billet écrit, Frédérik y mit l'adresse de Raoul de Pont-Brillant, attendit l'heure où le facteur rural passait par la ferme, et celui-ci emporta la lettre destinée au marquis, afin de la mettre à la poste à Pont-Brillant.

Durant cette journée, l'adolescent, afin de mieux dissimuler son dessein, feignit d'être plus calme que de coutume.

Le soir venu, il dit à madame Bastien que, se sentant fatigué, il désirait dormir pendant toute la matinée du lendemain, et qu'il désirait que l'on n'entrât pas dans sa chambre avant qu'il fût levé. La jeune mère, espérant que le repos calmerait son fils, s'empressa de se conformer à son désir.

Au point du jour, Frédérik ouvrit sans bruit la fenêtre de sa chambre, dans laquelle on ne pouvait arriver que par l'appartement de sa mère, prit son fusil, et sortit d'autant plus facilement que la croisée était au rez-de-chaussée; il n'avait à sa disposition que du gros plomb de chasse, il alla prier le vieux jardinier de lui fondre quelques balles, sous prétexte d'aller à l'affût aux sangliers avec un métayer, dont ils ravageaient le champ.

La chose parut si croyable au jardinier, qu'au moyen de quelques débris de plomb il fondit une demi-douzaine de balles qu'il remit à son jeune maître; celui-ci se rendit alors en hâte à la roche du Grand-Sire, située dans une des parties les plus désertes de la forêt.

En approchant de l'endroit du rendez-vous qu'il avait donné au jeune marquis, le cœur de

Frédérik palpitait d'une ardeur farouche, certain que, courroucé de l'outrage et de la provocation que renfermait le billet de son adversaire inconnu, Raoul de Pont-Brillant s'empresserait de venir venger cette insulte...

« — Il me tuera... ou je le tuerai — se di-
« sait Frédérik. — S'il me tue, tant mieux...
« A quoi bon traîner une existence à jamais
« empoisonnée par l'envie! Si je le tue... »

Et, à cette réflexion, il frissonna ; puis, ayant presque honte de cette faiblesse, il reprit :

« — Eh bien ! si je le tue... tant mieux en-
« core, il ne jouira plus de ces biens qui font
« mon envie,... Si je le tue..... — ajoutait ce
« malheureux enfant en cherchant à justifier

« ses propres yeux cette sinistre résolution, —
« son luxe n'insultera plus à ma pauvreté et
« à celle de tant d'autres encore plus à plain-
« dre que moi. »

Absorbé dans ces noires pensées, Frédérik arriva bientôt à la roche du Grand-Sire.

On appelait ainsi, depuis des siècles, en commémoration de l'un des *sires* de Pont-Brillant, un amoncellement de blocs granitiques, situé non loin d'une des routes les moins fréquentées de la forêt.

Des châtaigniers et des sapins énormes s'élançaient du fond des crevasses des roches ; c'était un lieu agreste et solitaire, plein d'une grandeur sauvage ; le soleil, déjà élevé, projetait çà et là sur ces masses de granit grisâtres et couvertes de mousse, ses rayons vermeils à travers les arbres dépouillés de feuilles; la journée s'annonçait splendide, ainsi que cela arrive souvent vers la fin de l'automne.

Frédérik déposa son fusil dans une sorte de grotte naturelle, formée par une profonde excavation à demi voilée par un épais rideau de lierre, enraciné dans la fente d'un bloc supérieur.

De cet endroit à une route dite du *Connétable*, il y avait quarante pas environ; le marquis, s'il venait, ne pouvait arriver que par ce chemin, bordé d'un taillis où Frédérik se posta; de cet endroit, il embrassait au loin le chemin du regard, sans être aperçu.

Une heure, deux heures, trois heures se

passèrent... Raoul de Pont-Brillant ne parut pas.

Dans sa fiévreuse impatience, ne pouvant, ne voulant pas croire que le marquis eût dédaigné son appel, Frédérik trouvait moyen de s'expliquer le retard de son adversaire : il ne devait avoir reçu sa lettre que dans la matinée ;... il avait eu sans doute quelques précautions à prendre pour sortir seul ;... peut-être préférait-il attendre la fin de la journée.

Le temps s'écoulait parmi ces angoisses ; une seule fois Frédérik songea à sa mère et à son désespoir, se disant que, dans une heure... peut-être, il n'existerait plus...

Cette réflexion ébranla seule pendant quelques instants la sombre détermination de l'adolescent ; mais il se dit bientôt :

« — Mieux vaut mourir... Ma mort coûtera
« moins de larmes à ma mère que ma vie...
« j'en juge par celles qu'elle a déjà versées... »

Pendant qu'il attendait ainsi l'arrivée du marquis, une voiture, partie du château de Pont-Brillant vers les trois heures de l'après-midi, arrivait à un carrefour où aboutissait l'allée du Connétable, non loin de laquelle se trouvait, on l'a dit, la roche du Grand-Sire.

Cet équipage, espèce de petit wourst très-large et très-bas, attelé de deux magnifiques chevaux, s'arrêta au poteau du carrefour ; deux grands valets de pied poudrés descendirent du siége de derrière où ils étaient assis, et l'un d'eux ouvrit la portière de la voiture, d'où la marquise douairière de Pont-Brillant descendit très-prestement, malgré ses quatre-vingt-huit ans; une autre femme, qui semblait non moins âgée que la douairière, mit aussi pied à terre.

L'autre valet de pied, prenant sous son bras un de ces pliants portatifs dont se servent souvent dans leurs promenades les personnes valétudinaires ou âgées, se disposait à suivre les deux octogénaires ; mais la marquise lui dit de sa voix claire et un peu chevrotante :

— Reste avec la voiture, mon garçon ; que l'on m'attende ici, donne le pliant à Zerbinette.

Le valet de pied s'inclina, remit le pliant à la compagne de la douairière, et toutes deux entrèrent de préférence, dans l'allée du Connétable, qui, beaucoup moins fréquentée que les autres, était revêtue d'un tapis de mousse et de gazon.

L'octogénaire dont était accompagnée la marquise et que celle-ci avait appelée Zerbinette, s'était donc chargée du pliant.

A quatre-vingt-sept ans, répondre à ce nom coquet et pimpant de Zerbinette... cela semble étrange ; et cependant Zerbinette avait été, dans son printemps, plus que personne, digne de porter ce nom qui sentait d'une lieue sa soubrette de Crébillon fils, nez retroussé, mine effrontée, grands yeux fripons, sourire libertin, corsage provoquant, pied mignon et main potelée, tels avaient été autrefois les titres de la soubrette à être appelée Zerbinette, nom dont elle avait été baptisée lorsqu'elle entra (il y avait quelque soixante-dix ans de cela), comme aide-coiffeuse, chez sa sœur de lait, la charmante marquise de Pont-Brillant. Hélas ! nous la voyons douairière et grand'mère ; mais, à cette époque, la marquise, mariée au couvent à seize ans, était déjà plus que galante ; aussi frappée de l'esprit hardi de son aide-coiffeuse, de ses rares dispositions pour l'intrigue, elle fit de Zerbinette sa première femme, et bientôt sa confidente.

Le diable sait les bons tours de ces deux jeunes et madrées commères, dans leur beau temps! avec quel dévouement, avec quelle présence d'esprit, avec quelle merveilleuse ressource d'imagination, Zerbinette aidait sa maîtresse à tromper les trois ou quatre amants qu'elle avait à la fois, sans compter ce qu'on appelait alors

Les fantaisies,

Les occasions,

Les dettes de jeu

Et *les curiosités.*

On allait en *curiosité* aux Porcherons, vêtue en grisette ou en marchande de bouquets.

L'on ne parle du défunt mari de la marquise que pour mémoire : d'abord, l'on ne se donnait pas alors la peine de tromper un mari, puis « *très-haut et très-puissant seigneur Hector-Magnifique-Raoul-Urbain-Anne-Cloud-Frumence, sire et marquis de* Pont-Brillant *et autres lieux,* était trop du monde et de son siècle pour gêner en rien madame sa femme.

De cet échange de confidences de la part de la marquise et de services de toutes sortes de la part de Zerbinette, il était résulté une sorte de liaison presque familière entre la soubrette et sa maîtresse; elles ne s'étaient jamais quittées, elles avaient vieilli ensemble, et à quatre-vingts et tant d'années qu'elles avaient, elles trouvaient un grand plaisir à se rappeler les bons jours, les malins tours, les folles amours d'autrefois, et, il faut le dire, chaque jour avait son saint, si ce n'est davantage, dans ce calendrier libertin.

Quant à la licence de paroles, disons mieux, quant au cynique langage dont la marquise et Zerbinette avaient l'habitude dans leur tête-à-tête en parlant du temps jadis ou du temps présent, ce langage n'était ni plus ni moins cru que celui de la régence ou du règne de Louis le Bien-aimé, et il avait parfois chez la douairière cette affectation de patois parisien, si cela se peut dire, que la plupart des grands seigneurs du milieu du dix-huitième siècle transportèrent des Porcherons à la cour, disant *m'sieu, c'te d'moiselle, què que vous m'voulez*, etc.

Quant aux expressions et aux tournures par

trop marotiques ou rabelaisiennes de la marquise, nous les traduirons avec bienséance.

La douairière était une petite vieille, sèche et bien droite, mise avec une recherche extrême, et toujours parfumée d'*eau arménienne*. Elle portait ses cheveux crêpés et poudrés à la maréchale, et avait sur la joue une ligne de rouge qui doublait l'éclat de ses grands yeux noirs, très-hardis et très-brillants encore, malgré son âge. Elle s'appuyait sur une petite canne d'ivoire à pomme d'or, et puisait de temps à autre une prise de tabac d'Espagne dans une tabatière ornée de chiffres et de médaillons.

Zerbinette, un peu plus grande que sa maîtresse et aussi maigre qu'elle, portait ses cheveux blancs en papillotes, et était vêtue avec une simplicité élégante.

— Zerbinette, — dit la douairière après s'être retournée pour regarder celui des deux valets de pied qui avait abaissé le marche-pied, — *quèque* c'est donc que c'beau grand garçon-là? *j'crais ben n'l'avoir* point encore vu dans mon antichambre?

— Ça se peut, Madame... c'est un des derniers venus de Paris.

— Mais c'est qu'il est drûment et fièrement tourné, ce gars-là, — reprit la douairière. — Dis donc, Zerbinette, as-tu vu *c'te* carrure? c'est étonnant... Les beaux laquais, ça m'rappelle toujours... — et la marquise s'interrompit pour prendre une pincée de tabac d'Espagne. — Les beaux laquais, ça me rappelle toujours c'te petite diablesse de baronne de Montbrison...

— Madame la marquise fait confusion... c'étaient des gardes françaises...

— T'as ma foi raison, ma fille... c'est si vrai, que le duc de Biron, leur colonel... Te rappelles-tu M. de Biron?

— Je le crois bien, Madame... c'est vous qui avez eu l'étrenne de sa petite maison du boulevard des Poissonniers... et, pour ce premier rendez-vous... vous aviez voulu vous habiller en Diane chasseresse comme dans votre beau portrait au pastel... et, sous ce costume... vous étiez jolie... ah! mais jolie à plaisir... quelle taille mince... quelles épaules blanches... quels yeux brillants!...

— C'est ma foi vrai, ma fille, j'avais tout ça... et j'ai fait *bon-user* de ce que le bon Dieu m'avait donné : mais, pour en revenir à M. de Biron... qui me trouvait si belle en Diane chasseresse; je ne sais pas si c'est le souvenir d'Actéon qui lui a porté... malheur à ce pauvre duc; mais, quinze jours après notre arrangement, les *sonneux* et les *piqueux* de mon petit-fils auraient pu s'y tromper et crier *taïaut* sur ce cher Biron : tant il y a que, pour en revenir à mon histoire, tu as raison, Zerbinette... au vis-à-vis de cette petite diablesse de baronne de Montbrison, c'étaient si bien des gardes-françaises, que M. de Biron, leur colonel, s'est allé plaindre au roi de ce qu'on mésusait

de son régiment. — « Je n'entends point ça du
« tout, — a répondu ce bon prince, — je
« tiens à mes gardes-françaises, moi; Mont-
« brison a eu bien assez d'argent de sa femme
« pour lui acheter un régiment... »

— Malheureusement, Madame, M. de Montbrison n'était pas capable de cette galanterie-
là; mais pour ce qui est des grands laquais, Madame voulait parler de la présidente de Lunel...
de...

— *Lunel...* — dit vivement la douairière
en interrompant sa suivante et en jetant les
yeux autour d'elle comme pour rappeler ses
souvenirs, — *Lunel?...* Dis donc, nous sommes bien ici dans l'allée du Connétable... hein!
Zerbinette?

— Oui, Madame...

— Pas loin de la roche du Grand-Sire?

— Non, Madame...

— C'est ça même... Eh bien! te rappelles-tu l'histoire de l'orfraie?...

— L'histoire de l'orfraie? non, Madame...

— De l'orfraie et de ce pauvre président de Lunel?

— Tout ce que je me rappelle, c'est que M. le président était jaloux comme un possédé de M. le chevalier de Bretteville... et il y avait de quoi. Aussi, ça amusait toujours Madame de les inviter tous les deux ensemble au château...

— Justement, ma fille... voilà pourquoi je te parle de l'histoire de l'orfraie.

— Par ma foi, Madame, que je devienne chèvre, si je sais ce que vous voulez dire avec votre orfraie.

— Ah! Zerbinette... Zerbinette, tu vieillis.

— Hélas!... Madame.

— Dis donc, ma fille, autant nous promener d'un côté que de l'autre... n'est-ce pas? Allons du côté de la roche du Grand-Sire... De revoir cette pauvre chère vieille roche... ça me rajeunira de... Voyons, de combien, Zerbinette? — ajouta la marquise, en aspirant sa prise de tabac d'Espagne, — car ce pauvre Lunel... et le chevalier, c'était en?...

— Octobre 1779, — dit Zerbinette, avec la précision de mémoire d'un comptable.

— Ça me rajeunira donc... comme qui dirait de soixante et quelques années, ça en vaut la peine. Allons à la roche du Grand-Sire.

— Soit, Madame, mais n'êtes-vous pas fatiguée?

— J'ai mes jambes de quinze ans, ma fille, et en tout cas tu portes mon pliant.

XII

Les deux octogénaires suivirent à pas lents la route qui conduisait à la roche du Grand-Sire.

Zerbinette, s'adressant à sa maîtresse :

— Ah çà! Madame, et l'orfraie?

— Tu te souviens combien le président de Lunel était jaloux du chevalier? Je lui dis un jour : — Sigismond, voulez-vous que nous jouïons un fameux tour au chevalier? — J'en serais ravi, marquise. — Mais il faut pour cela, Sigismond, que vous sachiez imiter le cri de l'orfraie en perfection. — A ces mots, tu juges, ma fille, de la figure du président; il me déclare qu'il a bien, dans sa vie, outrageusement crié à la grand'chambre, où il a son *mortier*, mais sans prétendre pour cela imiter plus particulièrement un cri qu'un autre. — Eh bien! apprenez celui-là, Sigismond, et, quand vous le saurez... nous rirons fort de ce pauvre chevalier. — Dès ce soir, marquise, — reprend le président, — je m'en vas étudier... Dieu merci! les orfraies ne manquent point dans ces bois.

— Bien, Madame, — dit Zerbinette, — je commence à me rappeler, mais vaguement; je vous en prie, continuez...

— Quand le président est sûr de son cri, je prends jour avec le chevalier... je lui donne rendez-vous entre chien et loup, ma foi, tiens! quelque part par ici... je le devance, en compagnie du président que je colloque dans une manière de caverne que tu verras là-bas, à la roche du Grand-Sire; — maintenant, Sigismond, — lui dis-je, — écoutez-moi bien : Le chevalier va venir; vous allez compter *mille* pour lui donner le loisir de me soupirer son martyre... pendant le temps que je compterai *mille* comme vous... mais, dans les environs de neuf cent quatre-vingt-dix-huit, j'aurai l'air de m'attendrir à l'endroit du chevalier... C'est alors que vous pousserez vos cris d'orfraie... — Divin, marquise! Divin! — Écoutez-moi donc, mauvais garçon. Ah! mon Dieu, la vilaine bête, que je dirai au chevalier, je suis superstitieuse à l'excès... Courez au château chercher un fusil pour tuer cet affreux oiseau, et après... nous verrons. Le chevalier s'en courra... et moi, cher Sigismond, je viendrai vous trouver... dans la grotte... — Marquise, vous êtes le démon le plus charmant... — Vite, vite, voici le chevalier, — et le pauvre Lunel de se colloquer dans son trou et de commencer à compter 1, 2, 3, 4, etc., pendant que je viens rejoindre le chevalier.

— Bon, Madame, — dit Zerbinette en riant comme une folle, — je vois d'ici la figure de ce cher président, comptant scrupuleusement

1, 2, 3, 4, etc., pendant que le chevalier était auprès de vous.

—Tout ce que je peux te dire, ma fille, c'est que j'étais convenu avec ce pauvre Lunel, de ne m'adoucir pour le chevalier que dans les environs de 998... et, ma foi!... je n'avais pas compté 10... que je ne comptais plus du tout. Et, pendant ce temps-là, le président qui avait fini son 1,000, faisait l'orfraie de toutes ses forces avec des cris si aigus, si étranges, si sauvages... que le chevalier m'en parut tout à coup si extrêmement incommodé, que je dis à ce pauvre garçon, pour le consoler de son inconvénient : *C'est la maudite orfraie!... c'est l'orfraie!*

Il est impossible de rendre l'accent avec lequel la douairière prononça ces derniers mots : *c'est l'orfraie !* en aspirant sa prise de tabac pendant que Zerbinette riait aux éclats.

— Courez vite au château chercher un fusil, dis-je au chevalier, — reprit la marquise, — il me faut la vie de cette vilaine bête... de cette abominable orfraie, je veux la déchirer de mes propres mains... Courez, je vous attends. — Bon Dieu ! marquise, que voilà un étrange caprice ! et puis la nuit va devenir noire, vous aurez peur ? — Bah ! chevalier, je ne suis point poltronne... courez au château... et revenez tôt... — il était temps, ma fille, car lorsque j'ai été retrouver ce pauvre président, la voix lui manquait, il commençait à crier comme une orfraie qu'on étrangle... Heureusement la voix lui est revenue vite...

— Quelle bonne histoire, madame!... et quand le chevalier est revenu?

— Il nous a trouvés, le président et moi, à peu près à cette place où nous voici. — Arrivez donc, chevalier, — lui ai-je crié de loin, — sans le président, que je viens de rencontrer, par hasard, je mourais de peur. — Je vous l'avais bien dit, marquise, — reprit ce bel *Alcandre*, — et l'orfraie? s'écria-t-il, en brandissant son fusil d'un air de farouche rancune, et l'orfraie? — Ma foi, chevalier, je crois bien que je lui ai fait peur, car elle s'est tue, quand j'ai rencontré la marquise, — répondit le président; mais à propos, mon cher chevalier, ajouta innocemment le pauvre Lunel, — savez-vous que ce cri-là annonce toujours quelque inconvénient? — et en disant ces mots d'un ton prodigieusement malicieux, le président me serra le coude gauche. — En effet, mon cher président, j'ai toujours ouï dire que ce cri pronostiquait fort mal, — riposta le chevalier d'un air non moins narquois en me serrant le coude droit. — Plus tard, quand je me suis affolée de cet impertinent petit comédien de Clairville, nous avons bien ri de l'aventure avec le président et le chevalier, à qui j'ai tout dit alors... Aussi, bien longtemps parmi les gens de notre société : *c'est l'orfraie!* est resté comme une manière de proverbe. Quand les hommes...

— Je comprends, madame, mais, hélas!... du temps de l'*orfraie*... c'était le bon temps... alors.

— Laisse-moi donc tranquille, Zerbinette, avec tes *hélas*... ça sera encore le bon temps.

— Et quand cela, madame?

— Eh pardi! dans l'autre monde! C'est ce que je me tuais toujours à dire à ce gros joufflu d'abbé Robertin, qui, par parenthèse, était goulu comme une dinde, et se serait fait fouetter pour ces belles truffes blanches du Piémont, que m'envoyait ma cousine Doria. — Allons, Madame la marquise, — me répondait l'abbé en s'empiffrant, — vaut encore mieux croire à cette immortalité-là qu'à rien du tout. — C'est pour te dire, ma fille, qu'aux *champs Élysiens* je retrouverai mes seize ans fleuris... *et tout ce qui s'ensuit*, pour m'en servir encore, et toujours ainsi jusqu'à la fin des siècles...

— Amen!... et que le bon Dieu vous entende, madame, — reprit Zerbinette d'un air béat, — seize ans, c'est si joli!

— C'est ce que je me disais avant-hier, en regardant mon petit-fils... Pendant la chasse, quel entrain, quelle ardeur! Était-il animé! quelle belle jeunesse... hein! ma fille?

— Un vrai *Chérubin pour chanter la romance à madame,* — reprit Zerbinette, qui savait son Beaumarchais; — aussi je crois bien que certaine vicomtesse...

— Zerbinette, — s'écria la douairière en interrompant sa suivante, — tiens, voilà la roche du Grand-Sire... C'est, niché dans ce trou-là... que ce pauvre président faisait l'orfraie.

— Pour Dieu! madame, n'approchez pas davantage... c'est comme une caverne... il peut y avoir des bêtes là-dedans...

— J'aurais pourtant bien voulu y entrer pour me reposer.

— Vous n'y songez pas, madame... ça doit être humide comme une cave...

— C'est vrai, ma fille... eh bien, place mon pliant... adossé à ce chêne... bien au soleil... c'est cela... à merveille. Et toi, Zerbinette, où t'assiéras-tu?

— Là... sur cette roche, madame... c'est un peu près de la caverne, mais enfin...

— A propos... qu'est-ce que tu me disais donc de la vicomtesse ?

— Je disais, madame, qu'elle voudrait, je crois bien, être la *belle marraine de Chérubin.*

— De Raoul ?

— Ma foi... madame, c'est toujours : monsieur Raoul, mon chapeau; M. Raoul, mon ombrelle... toujours monsieur Raoul... Hier encore... quand on a voulu effrayer M. Raoul, c'est madame la vicomtesse qui s'est proposée pour lui faire peur... et j'ai bien vu...

— Tu as vu... tu as vu... que tu ne voyais

rien du tout, ma fille... La vicomtesse veut tout bonnement, en paraissant s'occuper d'un enfant sans conséquence, donner le change à son imbécile de mari, pour qu'il ne s'effarouche ni ne se cabre point, lorsque M. de Monbreuil, l'amant de la vicomtesse, arrivera ici, car je l'ai invité, ce garçon; il n'y a rien qui vous égaye un château, comme quelques couples gentiment appareillés... aussi moi, j'en invite tant que j'en trouve dans ma société; ces amoureux,... c'est gai, c'est chantant, c'est grouillant comme les pierrots au mois de mai... Rien qu'à les voir, ça me met la joie au cœur et le feu à mes souvenirs... Et ces bêtas de maris... ces figures!... C'est pour te dire, ma fille, que tu as vu de travers à l'encontre de la vicomtesse.

— Je comprends... M. Raoul est pour elle... *un manteau*.

— Pas autre chose, et j'en ai prévenu mon petit-fils; il aurait pu s'y laisser d'autant plus prendre, l'innocent, que la vicomtesse est charmante.

— Innocent!... innocent! — reprit Zerbinette, en hochant la tête, — pas déjà tant, madame ; car M. Raoul est comme Chérubin... son amour pour une belle marraine à ce *bel oiseau bleu* ne l'empêcherait pas de lutiner Suzette...

— Cher enfant! Vraiment, Zerbinette ?... Est-ce que parmi les femmes de la vicomtesse il y a quelque chose... qui vaille... qu'on le regarde?

— La vicomtesse a amené ici une grande blonde aux yeux noirs, qui vous a un air, mais un air.... Avec ça, blanche comme un cygne, dodue comme une caille et faite au tour...

— Et tu crois que Raoul?...

— Eh! eh! madame, c'est de son âge...

— Pardi! — s'écria la marquise en prenant sa pincée de tabac. — Mais, à propos de ça, reprit-elle après un moment de réflexion, — toi, qui sais tout... quoi que c'est donc qu'une manière de petite bourgeoise ou de grosse fermière qui vit encoqueluchonnée comme une ermitesse... dans c'te bicoque isolée qu'est sur la route de Pont-Brillant? tu sais ben? La maison est treillagée comme un mur d'espalier, avec une manière de porche tortillonné en bois rustique dans le goût de la niche aux daims que mon petit-fils s'amuse à élever dans les palis. Tu n'y es pas. Mon Dieu! que t'es donc sotte, Zerbinette! Nous sommes passées là, devant, il y a huit jours...

— Ah! je sais... madame.

— Eh bien, cette ermitesse... comment qu'ça se nomme?

— Madame Bastien, madame...

— Quèque c'est que ça, madame Bastien?

— Madame, — dit vivement Zerbinette sans répondre à sa maîtresse, — vous n'avez pas entendu?

— Quoi?

— Là... dans cette manière de caverne.

— Eh bien?

— On dirait qu'on a remué.

— Allons donc, Zerbinette, tu es folle; c'est le vent dans ces lierres.

— Vous croyez, madame?

— Certainement; mais, réponds-moi donc, quèque c'est que c'te madame Bastien?

— C'est la femme à un revendeur de propriétés, comme qui dirait un homme de la *bande noire*, ou approchant.

— Ah! le vilain gueux; c'est cette bande-là qui a mis le marteau dans mon pauvre châtelet de Saint-Irénée, en Normandie... un bijou de la Renaissance; ils n'en ont pas laissé pierre sur pierre... Mais ma foi, heureusement, mon fils m'a donné le régal de bâtonner un de ces gredins-là!

— Un des hommes de la bande noire, madame?

— Certainement... figure-toi que nous allions visiter ma terre de Francheville où je n'avais pas mis les pieds depuis six ans; le marquis me dit : — Ma mère, passons donc par Saint-Irénée, nous verrons ce qu'il en reste.— (Les Jacobins nous l'avaient confisqué, ce pauvre cher petit châtelet, et il était retombé dans le domaine national, comme disaient ces abominables scélérats.) Nous arrivons... à Saint-

Irénée, et nous trouvons... table rase... sauf l'orangerie où une de ces mauvaises bêtes de proie de démolisseurs s'était terrée... Son méchant sort veut qu'il se trouve là quand nous descendons de voiture sur l'emplacement du châtelet... Nous étions, comme tu le penses, mon fils et moi, dans le feu de notre colère. — Monsieur, — dit le marquis à cet homme, — pourriez-vous m'apprendre quelles sont les bêtes brutes qui ont eu l'infamie de raser le châtelet de Saint-Irénée, un des plus merveilleux monuments de la province ? — Ces bêtes brutes, c'est moi et mes associés, monsieur... et vous... vous êtes un insolent de me parler ainsi, — répond cet animal à mon fils avec un accent charabia qui empestait son Auvergnat d'une lieue. Tu sais que le marquis était vif comme la poudre, fort comme un Turc et brave comme un

ŒUVRES D'EUGÈNE SUE.

	Vol. in-8
Martin l'enfant trouvé............................	12
Le Juif errant..	10
Les Mystères de Paris.............................	10
Mathilde..	6
Deux Histoires......................................	2
Le Marquis de Létorière.........................	1
Deleytar...	2
Jean Cavalier..	4
Le Morne au Diable...............................	2
Thérèse Dunoyer...................................	2
Latréaumont...	2
La Vigie de Koat-Ven.............................	4
Paula Monti..	2
Le Commandeur de Malte.......................	2
Plick et Plock.......................................	1
Atar-Gull..	2
Arthur...	4
Coucaratcha...	3
La Salamandre......................................	2
L'Orgueil (la Duchesse).........................	6
L'Envie (Frédérik Bastien)....................	4

SOUS PRESSE :

La Colère...	»
La Luxure..	»
La Paresse...	»
L'Avarice...	»
La Gourmandise....................................	»

Corbeil, imprimerie de CRÉTÉ.

www.ingramcontent.com/pod-product-compliance
Lightning Source LLC
Chambersburg PA
CBHW071522160426
43196CB00010B/1617